教育文化遺産をたずねる

(財)日本修学旅行協会 編

山川出版社

まえがき

　近年，年齢を問わずに史跡や遺跡，それに名勝・天然記念物，また有形の文化財を訪ねる歴史散歩やウォーキングが盛んである。

　なかでも，世界遺産ブームともいうべき風潮のなかで，何某遺産と名付けられたものなどを訪ねる旅は人気がある。

　今まで歴史散歩とか歴史探訪，史跡見学・巡見などの名称で，歴史や文化的な価値の高い文化財を訪ねる旅が実施されてきた。

　近ごろは，必ずしも学術的な価値などにとらわれず，「生き方あり方」にかかわってモノをみて行こうとする傾向が目立ってきている。

　その代表的な一例が，産業遺産を訪ねる産業観光に通じ，廃線や廃坑，それに失われた橋梁などを探し尋ねる旅であるといわれる。

　「生き方あり方」にかかわるものとして，これまで地味で，あまり注目されなかった，教育にかかわる史跡や有形文化財があるのではなかろうか。

　そこで，教育にかかわる歴史的な価値を有する文化的所産を，史跡や有形の文化財などを含めて，教育文化遺産として考え，ここに広く紹介したいと考える。

　教育という身近な営みを，各地に所在する史跡や有形の文化財を訪ねることにより，「生き方あり方」について見つめ直すこともできるのではなかろうか。

　おわりに，本書の作成に当たり，多くの教育機関や自治体など，それに教育関係者の方々にご協力いただいたことに感謝申し上げる次第である。

　　　　　　　　　　　　　　　　　　　　平成24年8月吉日
　　　編集代表
　　　　　　財団法人　日本修学旅行協会理事長
　　　　　　　　河　上　一　雄

目 次

まえがき…1
教育文化遺産…4
 1 「教育文化遺産」とは…4
 2 日本の教育と学校…4
  (1)古代の教育と学校　(2)中世の教育と学校　(3)近世の教育と学校
  (4)近代の教育と学校

足利学校跡――栃木県足利市　10
適塾――大阪府大阪市中央区　14
松下村塾――山口県萩市　18
咸宜園――大分県日田市　22
佐倉順天堂記念館――千葉県佐倉市　26
閑谷学校――岡山県備前市　30
弘道館――茨城県水戸市　34
旧有備館及び庭園――宮城県大崎市　38
文武学校――長野県長野市　42
旧明倫館――山口県萩市　46
開明学校――愛媛県西予市　50
開智学校――長野県松本市　54
中込学校――長野県佐久市　58
登米高等尋常小学校――宮城県登米市　62
甲府市藤村記念館(旧睦沢学校校舎)――山梨県甲府市　66
見付学校附磐田文庫――静岡県磐田市　70
福島県尋常中学校(旧制安積中学校)――福島県郡山市　74
遺愛学院――北海道函館市　78
自由学園明日館――東京都豊島区　82
津山中学校――岡山県津山市　86
丸亀中学校――香川県丸亀市　90
近江兄弟社学園――滋賀県近江八幡市　94
東奥義塾外人教師館――青森県弘前市　98

旧山形師範学校本館——山形県山形市　102
岩手大学農業教育資料館(旧盛岡高等農林学校本館)——岩手県盛岡市　106
旧米沢高等工業学校本館——山形県米沢市　110
旧富山県立農学校本館　福野高等学校巌淨閣——富山県南砺市　114
三重県立松阪工業高等学校資料館棟(赤壁校舎)——三重県松阪市　118
熊本大学五高記念館——熊本県熊本市　122
旧松本高等学校本館・講堂——長野県松本市　126
旧第四高等中学校本館——石川県金沢市　130
旧東京音楽学校奏楽堂——東京都台東区　134
札幌農学校第二農場・モデルバーン(北大農学部第二農場)——北海道札幌市北区　138
奈良女子大学記念館(旧奈良女子高等師範学校本館)——奈良県奈良市　142
同志社大学クラーク記念館——京都府京都市上京区　146
龍谷大学大宮学舎——京都府京都市下京区　150
明治学院インブリー館——東京都港区　154
学習院大学史料館(旧制学習院図書館)——東京都豊島区　158
東京医学校本館——東京都文京区　162
旧文部省庁舎——東京都千代田区　166

写真所蔵・提供一覧　170

教育文化遺産

1 「教育文化遺産」とは

「教育文化遺産」とは聞きなれない用語であるが、当世風にいえば「教育にかかわる歴史的な価値を有する文化的所産で、史跡や有形の文化財などをいう」と、ここに狭義ではあるが定義づけしておきたい。

遺産とは、前代から現代に伝わってきたもので、将来においても継承されるべき文化や文化財であるといわれるが、先にも狭義にと断ったように、無形の儀式や習慣、それに技術などは除いて考え、教育文化遺産は有形のものに限定してある。

こうしてみると、教育文化遺産は教育という営み、もしくは文化活動にかかわる歴史的な所産で、具体的には教育活動にかかわっての教材・教具や教室を含む学舎、教育活動に携わった人々の事績を具体的に伝えるものなどを指すと考えられる。

そして、歴史的な所産であるということから、歴史上において教育にかかわる営みがどう展開されてきたかを考え、伝えられてきたもののなかから価値あるものを教育文化遺産として取り上げたい。

そこで、教育にかかわる営み、ことに学びの主たる場である学校を軸に簡単にその歴史を振り返ってみる。

2 日本の教育と学校

(1) 古代の教育と学校

日本で学校という名を冠した教育機関の最初は、中世の足利学校といわれるが、制度としては大宝元(701)年制定の大宝律令において、中央に大学、諸国に国学がおかれることが規定されたのがもっとも古いといわれる。

この大学・国学では、論語や孝経などをテキストにして儒教が講じられたが、基本的には唐の制度を模した官吏登用のための官学としての性格が強かった。

そうしたなか、有力な氏族は大学別曹(べっそう)といわれる図書館と寄宿舎を兼

ねたような施設を設けて子弟の教育にあたり, 和気氏の弘文院, 藤原氏の勧学院, 橘氏の学館院, 在原氏の奨学院などが知られる。

しかし, 律令体制の崩壊とともに国学は廃止となり, 大学も12世紀末の火災により焼失し, 再建されずその役割を終えた。

一方, 庶民に対しての教育機関は存在しなかったが, 例外的に空海が綜芸種智院を設け, 仏教教育に力をいれたといわれる。

(2) 中世の教育と学校

中世において, 足利学校や金沢文庫などが武士の教育機関として知られる。

ことに足利学校は, 16世紀に来日した宣教師のザビエルやルイス＝フロイスらにより, 「坂東の大学」としてヨーロッパにも紹介された。

なお, 当時の教育は主として寺院で武士の子弟を対象に行なわれたと考えられ, 文例と語彙の知識を与える『庭訓往来』や「貞永式目」などがテキストとして用いられたといわれる。

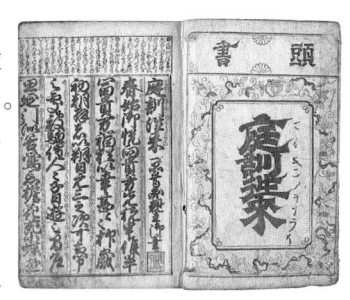

庭訓往来（凸版印刷株式会社 印刷博物館蔵）
南北朝～明治時代初期の教科書で, 往来（往復書簡）の形態をとっている。武士の道徳観などにも触れている。

また, 勃興してきた都市の有力な商工業者の間では, いわゆる「読み・書き・計算」が必要とされ, やがてこの流れは農村にも及んでいったと考えられ, そうしたことを背景に『節用集』といういろは引きの国語辞書も刊行された。

16世紀後半になると, キリスト教の伝来とともに宣教師の手によりイエズス会士養成のための神学校コレジヨや教会学校セミナリヨなどが設けられ, 神学を中心に哲学や天文学・数学・医学などが教えられていたといわれる。豊臣秀吉のキリスト教禁教令や徳川幕府による鎖国政策により, これらの学校は姿を消した。

(3) 近世の教育と学校

近世, 徳川幕府による幕藩体制のもと, 武士の教育制度が整備された。幕府においては林羅山を登用し, 朱子学を封建教学の基本とし, 林家

教育文化遺産　5

国史跡・林家墓地と林羅山の墓

懐徳堂旧址碑

は江戸の上野・忍ケ岡に家塾を開き，孔子を祀る聖堂を建てた。

ここでは，修身・斉家に始まる治国・平天下が説かれ，幕藩体制の理論的な基礎が提供された。

林家はのちに代々大学頭に任じられ，家塾は5代将軍綱吉により湯島に移され，幕府の最高学府として，のち昌平黌（昌平坂学問所）となった。

また，各藩においては藩士の教育機関として藩校が設けられ，儒学と武道を教授したが，もっとも古いものは岡山藩主池田光政が設置した郷学閑谷学校で，このほか主だったものとして会津藩の日新館，米沢藩の興譲館，長州藩の明倫館，仙台藩の養賢堂，尾張藩の明倫堂，熊本藩の時習館，薩摩藩の造士館，佐賀藩の弘道館，福岡藩の修猷館，金沢藩の明倫堂，彦根藩の稽古館，福井藩の正義館，水戸藩の弘道館，高知藩の致道館が知られる。

郷学とか郷校といわれる教育機関も，明治初期までにかけて多く設けられた。この郷学は，藩校の分校的存在であったり，藩営の庶民教育機関であったり，庶民の組合的組織による地方学校などに大別されるといわれ，とくに地方学校は明

鳴滝塾

治時代の小学校設立の母体にもなったとされる。

　私塾は，高名な学者や市井(しせい)の学者が自宅などを教場として開いたもので，幕府や藩の儒者の私的な塾は家塾といって区別することもみられる。

　この私塾は，儒学者のものとして山崎闇斎の塾，陽明学者の中江藤樹(とうじゅ)の藤樹書院，古文辞(こぶんじ)学者の伊藤仁斎(じんさい)の古義堂(こぎどう)などが有名である。なかには，現在の尼崎市の町人5人の出資により設置された漢学塾の懐徳堂(かいとくどう)は，庶民教育を目的としたものであった。

　のちには，国学や蘭学の勃興により，国学者や蘭学者の私塾が多く生まれた。

　とくに，廣瀬淡窓(たんそう)の咸宜園(かんぎえん)，緒方洪庵(おがたこうあん)の適塾(てきじゅく)，吉田松陰(よしだしょういん)の松下村塾(しょうかそんじゅく)は三大私塾と称される。

　このほか，1823年に来日したオランダ商館医のシーボルトが，長崎郊外の鳴滝(なるたき)に診療所兼私塾をひらき，医学と自然科学を教授した。

　庶民の教育機関として存在したのが寺子屋で，その歴史は16世紀にまでさかのぼるが，近世中期以降にその数は増大した。浪人・僧侶や神職・医者などの有識者が開設し，教授内容は読み・書き・そろばんで，当初は読み・書きの手習いが主であったといわれる。

教育文化遺産　　7

寺子屋は自然発生的な教育施設で、入門には特別の規定もなく、7歳くらいの入門が普通であったが、10歳を超える子どもも少なくなかったといわれる。

入門の時期もいつでもよく、子どもの進度に合わせて学習が進められたといわれる。

卒業もとくに決まりはなく、たいてい2年から3年の終了であった。

教科書には往来物といわれる書物が用いられ、実語教・童子教などの教訓的な往来物と商売往来・百姓往来などの実用的なものとがあった。

このほか、庶民の教育に大きな役割を果たしたのは、石田梅岩により説かれた心学とそれを講じる心学舎で、全国に200余り設けられたといわれる。

心学は、心の修養を中心とする学問で、陽明学や禅などの影響を受けたものといわれるが、農工商の人々の社会的役割を高く評価し、その人間的平等性を強調したことが特色といわれる。

(4) 近代の教育と学校

近代の学校教育は、明治5 (1872) 年の学制の公布に始まる。

学制の公布にあたり、公布の前日に「学事奨励ニ関スル被仰出書」が出されたが、その内容は個人主義・功利主義思想と実学思想、教育の機会均等などの近代欧米の教育理念が盛り込まれたものであった。

学制の本文は6編109章からなり、学区・学校・生徒・試業・海外留学生・学費などの規定がある。

全国を8大学区、1大学区に32中学区、1中学区に210小学区に分け、小学校から中学・大学と一貫した中央集権的な教育制度の確立を目指すものであった。

これをもとに、旧来の藩校や寺子屋を利用するほか、新しい学校を創設する政策がとられたが、学校建設にあたっての過重な経済的負担や教育内容への不満が出るなか、各地で学校焼打ち事件が頻発した。

その一方において、洋風建築様式をまねた擬洋風建築の小学校も建築され、地域の教育に対する考え方は多様であった。

また、大学の設置にあたり、多くのお雇い外国人が採用されるとともに、文明開化の風潮ともあいまって、主要な都市に擬洋風の教育関係施

設が建設されていった。

　しかしながら、学校焼打ち事件などを背景に、明治12(1879)年に教育令、ついで翌年に改正教育令が出され、教育の中央統制の強化と国家主義教育への動きが強まり、学制以来の自由主義思想は影を薄めることとなった。

　この後、初代文部大臣の森有禮(もりありのり)のもとで、明治19(1886)年に小学校令・中学校令・師範学校令・帝国大学令という4つの勅令、すなわち学校令が出され、小学校を義務制にするなど、教育普及に向けての制度が整備された。

　ついで明治23(1890)年の教育勅語の制定により、国家主義教育の基本ができ上がった。さらには、明治36(1903)年に国定教科書制度が採用され、教育の国家統制はさらに強化されることとなった。

　学校令発布後、高等学校令・実業学校令・高等女学校令により、数多くの学校が設立されるとともに、私立学校の設立もあいついだ。

　明治40(1907)年には義務教育年限を4年から6年に延長し、明治末年には就学率は98％に達した。

　こうした教育制度は、太平洋戦争敗戦と占領下におけるアメリカ教育使節団によって打ち出された報告書とその提案にもとづき、昭和22(1947)年に教育基本法が制定され、このもとに新しい教育体系が形作られ、現在に至っている。

栃木県足利市

足利学校跡

　足利学校の創立については諸説あるが，15世紀に関東管領の上杉憲実(のりざね)によって再興され，坂東(ばんどう)随一の大学と称された。現在，平成2(1990)年に実施された調査をもとに，その跡地に江戸時代の中期頃の姿が復原されている。

　足利学校は，戦国時代には儒学ばかりではなく，兵学や医学なども講じた学問所として知られ，江戸時代には寺社奉行の支配下に置かれ，寺社的な性格を帯びるようになり，図書館的な機能も維持されたといわれる。

　足利学校の歴史的変遷を復原された建造物などからとらえるとともに，明治36(1903)年に開設された遺蹟図書館・収蔵庫に収蔵されている貴重な典籍にも注目したい。

　また近くには，国史跡の足利氏宅跡に建つ足利氏氏寺の真言宗鑁(ばん)阿(な)寺(じ)があり，訪ねることをすすめたい。

国指定史跡

| 史跡足利学校 | 栃木県足利市昌平町2338番地 |

空からみた足利学校

足利学校は栃木県の南西部，足利市昌平町に所在する。足利の地は，北部は山地で，南部は平地となり，中央部を渡良瀬川が西から南東へ流れている。東の京都といわれるほどの風光明媚な土地であり，また足利源氏発生の地，織物の町として知られている。

学校門

戦国期に最盛期をむかえた足利学校

永享11(1439)年に関東管領上杉憲実は衰退していた学校に，五経疏本を寄進するとともに，禅宗の僧快元を初代庠主として学領を定め，学校を再興させた。

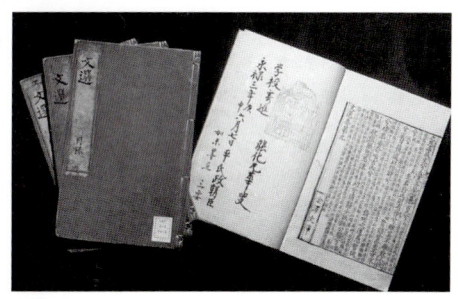
文選

学校には僧形ならば誰でも入学でき，学問の内容は四書五経・史記・文選などの書籍の書写や，庠主からの講義であった。しかしながら最盛期の戦国期に入ると，世の中が要求する占筮・兵学・医学など，実学的学問を取り入れた。そうしたことから，足利学校は軍師育成の場でもあったとみなされている。江戸時代になると次第に衰退し，明治5(1872)年には廃校となった。

日本最古の開かれた学校としての今日的意義

その後，地元の有志や足利町の努力で守られ，大正10(1921)年には国史跡の指定を受け，昭和26(1951)〜30(1955)年にかけて貴重書の一部が国指定を受けた(国宝が4件77冊，重要文化財5件98冊)。

現在は敷地の西半分に江戸時代前期に建てられた大成殿(日本最古)・三門があり，旧図書館など大正期の建物もあるが，江戸時代からの様相

方丈(復原建物)

をよく残している。

　一方，東半分は明治時代からの小学校敷地を全面発掘調査して，江戸時代中期頃の方丈・庫裏・書院や庭園，堀土塁などを平成2年に復原している。子ども向けの行事・文化活動として書初め会，絵画大会，クイズラリーなどを行なっている。年間参観者は18万人ほどである。

　また，古来の足利学校の行事として孔子祭りである釈奠や，秋の天気

論語素読教室

漢字試験

のよい日に行なう曝書(ばくしょ)があり，町の風物詩となっている。

教育の原点・生涯学習の拠点として

今の日本人は，モラルの欠如が顕著であると指摘する向きが多い。これを補えるものの一つとして，「論語」がある。足利学校では，方丈や書院で論語素読(そどく)の体験をすることができる。ここ数年，修学旅行の生徒が論語素読を体験をする姿もみられるようになった。これからも論語を通して足利学校の意義を全国に発信していきたい。

また，生涯学習の一環として，足利学校アカデミーや各種講座も開催している。さらに，近世の教育遺産としての足利学校という視点から，備前閑谷(しずたに)学校，水戸弘道館(こうどうかん)，豊後咸宜園(かんぎえん)と協議・研究を行なっている。

Information

問い合わせ先
史跡足利学校事務所

- 所在地 ── 〒326-0813　栃木県足利市昌平町2338番地

  TEL:0284-41-2655
  FAX:0284-41-2082

- 開館時間　9：00～16：30（4月～9月）
  　　　　　9：00～16：00（10月～3月）

- 注意事項　管理上やむを得ず休館することがあります。詳しいことはお問い合わせください。

適塾

大阪府大阪市中央区

　大阪の代表的なオフィス街の北浜に，19世紀半ばに当時の洋学研究の第一人者である緒方洪庵が学塾である適塾を開いた。

　市営地下鉄御堂筋線淀屋橋駅と堺筋線ならびに京阪本線北浜駅の中間に位置し，高層のオフィス街の一角にタイムスリップしたかのように木造の建物が現れる。

　それは，木造一部2階建ての適塾と，大阪でもっとも古い歴史を持つ愛珠幼稚園の建物で，さらに近くには大坂町人に朱子学や陽明学などを講じた町人出資の学塾懐徳堂跡の碑がある。

　適塾の往時を伝える建物は現存し，ここで学んだ幕末から明治の時代を担った人々，橋本左内・大村益次郎・福澤諭吉・大鳥圭介・佐野常民らの青春の息吹を感じ取ることができる。

　緒方洪庵は優れた蘭学者であるばかりではなく，医学者として天然痘を予防するため種痘事業にも力を尽くしたが，優れた教育者としてのあり様を適塾からつかみ取れよう。

国指定史跡・重要文化財

| 適塾 | 大阪市中央区北浜3丁目3番地8号 |

適塾史跡公園

　京阪本線北浜駅と地下鉄御堂筋線の淀屋橋駅からほど近く，北浜通りに面して適塾がある。

　江戸末期，わが国の蘭学発展を担った拠点であり，また当時の大坂北浜の町家の姿を残す貴重な建物である。

　適塾は，昭和15(1940)

年に大阪府の史跡、昭和16年には国の史跡、昭和39(1964)年には国の重要文化財に指定され、その後、文化庁によって解体修復工事(昭和51〜55年)が行なわれ、当時の姿に復元された。

緒方洪庵と適塾

適塾は、蘭学者の緒方洪庵が、天保9(1838)年に開設し、文久2(1862)年に幕府の奥医師として江戸に迎えられるまでの24年間にわたって、日本全域から集まった門人に、蘭学・医学を教えた学塾である。

緒方洪庵の肖像

緒方洪庵は、文化7(1810)年に現在の岡山市足守町に生まれ、17歳から大坂・江戸・長崎で蘭学を学び、29歳の時に適塾を開いた。

適塾では、オランダ語の書物を原書で読み、医学など近代科学の勉強をした。そのため、塾生たちは、塾に備えられた唯一の蘭日辞書(ヅーフ辞書)を頼りに、夜遅くまで勉学に励んだという。

福澤諭吉は、『福翁自伝』のなかで、およそ勉強ということについては、この上にしようもないほど勉強したと書いている。

適塾

塾生大部屋

塾生大部屋の柱(刀傷)

　塾生には，幕末から明治期にかけて日本の近代化に貢献した，橋本左内・大村益次郎・福澤諭吉・長与専斎(ながよせんさい)・高松凌雲(りょううん)・佐野常民・大鳥圭介ら多くの人材が名前を連ねている。

適塾の建物

　建物は2階建てで，現在は大阪大学が所有・管理している。一般に公開されており，なかを見学して当時の様子を偲ぶことができる。

　1階には，教室のほか，客座敷・応接間・書斎・家族部屋・台所があり，2階に上がると，塾生たちが寝起きした塾生大部屋と塾生部屋，ヅーフ辞書が置かれたヅーフ部屋などがある。

　適塾の東隣は史跡公園になっており，西側の公開空地には洪庵の座像がある。

洪庵の種痘事業と除痘館

　江戸時代，人々にもっともおそれられた病気は，天然痘(疱瘡(ほうそう))であっ

書斎中庭

た。

　天然痘予防の生ワクチンである種痘がイギリスのジェンナーによって発明され，嘉永2(1849)年にオランダ人の手によって，長崎に到着した。

　ほどなく京都にもたらされた種痘を，洪庵は分与され，大坂で天然痘ワクチン接種事業を大規模に行ない，流行予防に効果を上げた。

　接種を実施した施設は，除痘館と呼ばれ，大阪市道修町4丁目にある初代除痘館跡には，記念碑が建てられている。2代目除痘館跡は，適塾のすぐ南側の今橋3丁目にある緒方ビルの建つ場所である。

Information

問い合わせ先
大阪大学適塾記念センター

所在地 〒560-0043　大阪府豊中市待兼山町1-13

TEL：06-6850-5016
FAX：06-6850-5015

開館時間 10:00〜16:00

注意事項 ※ホームページは現在公開の準備を進めているため適塾センターのホームページをご利用ください。
※団体20名以上の見学希望は，適塾の受け付けで行なっています。
適塾(受け付け)　大阪市中央区北浜3-3-8
TEL・FAX：06-6231-1970

山口県萩市

松下村塾

　山口県萩市にある吉田松陰を祀る松陰神社の境内に，松陰を幽閉した杉家旧宅（国指定史跡）と松下村塾（国指定史跡）とが当時のまま保存されている。

　松下村塾は萩郊外の松本村にあった私塾で，はじめは吉田松陰の叔父玉木文之進が自宅に開いたもので，のちに幽囚中の吉田松陰が幕末の安政4（1857）年にこの塾を引き継ぎ，翌年には藩から家学の許可を受けた。

　この塾は，当初，八畳一間の建物であったが，増築した十畳半の二間よりなり，ここで講義が行なわれた。

　安政6（1859）年5月に，江戸に護送され処刑された吉田松陰ではあるが，松下村塾での1年余りの短い期間に，倒幕と明治維新とをなし遂げる久坂玄瑞・高杉晋作・伊藤博文・山県有朋らを輩出した。

　この塾での教育がどのようなものであったのか，また師である松陰の人となりとを注目してみたい。

国指定史跡

松下村塾　山口県萩市椿東松本市1537

松下村塾

まちじゅう博物館の町，萩

　慶長5（1600）年の関ヶ原の戦いに西軍の総大将としてのぞみ，敗れた毛利輝元は，徳川家康によって治めていた領地を中国8カ国から防長2カ国に減封された。

　以来400年間，毛利氏の治世と激動の維新史を彩った萩は，豊かな自然と深い歴史の事跡を町いっぱいに点在させ，「江戸時代の地図がそのまま使える町」「屋根のない博物館」として文化観光のメッカとなっている。その中核が松下村塾と萩博物館である。萩博物館では，松下村塾の主宰者吉田松陰，塾生高杉晋作らの資料を常にわかりやすく展示している。

吉田松陰の銅像

心の聖地「松下村塾」

　松下村塾は，萩市街東部の松陰神社の境内に位置する私塾の跡。現在は，松林に囲まれた粗末な塾舎で，吉田松陰とその塾生たちは幕末維新の激動の時代，いち早く知見を世界に求め，近代日本の夜明けをもたらした明治維新の原動力となった。「志」を貫き，刑死した吉田松陰の生き様は，今もなお人々の共感を呼び敬愛を集めている。

松下村塾の生い立ち

　塾を創始したのは玉木文之進で，天保13（1842）年のことで，玉木は松陰をスパルタ教育した叔父として知られている。このあと外叔の久保五郎左衛門が引き継ぎ，松陰が直接指導したのは安政4年の11月からわずか1年余り。松陰没後，中断を挟んで松陰の実兄杉民治が明治25（1892）年頃まで開塾していた。

　塾の名を村名としたことについて松

玉木文之進旧宅

野山獄跡

陰は,「学は人たる所以(ゆえん)を学ぶ也。塾係(か)くるに村名を以(もっ)てす。誠に一邑(いちゆう)の人をして,入りては則(すなわ)ち孝悌(こうてい),出でては則ち忠信(ちゅうしん)ならしめば,則ち村名これに係くるも辱(は)じず」(松下村塾記)と述べている。松陰は,日本の西端の僻地(へきち)から有為の人材を送り出すことに強い自負を持っていたのである。

吉田松陰と村塾の教育

松陰は天保元(1830)年に長州(萩)藩士杉百合之助(すぎゆりのすけ)の次男として生まれ,6歳の時山鹿(やまが)流(りゅう)兵学師範(へいがくしはん)で叔父の吉田大助の跡を継いだ。11歳で御前講義をするほどの秀才で,19歳の春に独立の師範となって藩校明倫館(めいりんかん)で教授した。

21歳の時から九州・江戸・東北を遊学して各地の学者と交流した。安政元(1854)年25歳の時,下田からアメリカに密航を企てたが失敗,獄にあること1年余り,ついで実家杉家に謹慎を命じられた。

この時を勉学の好機として,驚くほど多くの書を読み,原稿を書き,さらに松下村塾の多くの子弟を教えた。この期間が松陰にとってもっとも平和な,またもっとも輝かしい業績を残した時期といえる。藩校明倫館が藩士の子弟の高等教育機関であったのに対して,村塾は近隣の子弟の教育から始まったのであるが,やがて多くの子弟が参集した。

現在,塾生は92名が確認されている。ここでは四書五経(ししょごきょう)などのほか,

時事問題のディベートが取り入れられ，広い視野と考えることの大切さが教えられた。

安政の大獄と維新の大業

安政5（1858）年，幕府が勅許を得ず外国との通商条約に調印してから，松陰の時局に対する言動は激しくなり，藩は累が藩主に及ぶことをおそれて，再び野山獄に投じた。ついで世にいう安政の大獄の難にあい，翌6年10月27日「身はたとひ　武蔵の野辺に　朽ちぬとも　留め置かまし　大和魂」の辞世を残して江戸伝馬町の獄で刑死した。

松下村塾の講義室

自己を見失うことなく，至誠を貫き通した松陰の生き様は，塾生たちに強い感銘を与え，高杉晋作をはじめ，久坂玄瑞・入江九一・吉田稔麿・前原一誠・品川弥二郎・野村靖・山田顕義・伊藤博文・山県有朋ら有為の逸材を輩出し，維新の大業をなし遂げたのである。

Information

問い合わせ先
萩博物館
所在地──〒758-0057　山口県萩市大字堀内355

TEL：0838-25-6447
FAX：0838-25-3152
http://www.city.hagi.lg.jp/hagihaku/

問い合わせ先
松陰神社宝物殿「至誠館」
所在地──〒758-0011　山口県萩市大字椿東1537

TEL：0838-24-1027
FAX：0838-24-1028
http://www.shoin-jinja.jp/page/hobutuden.php

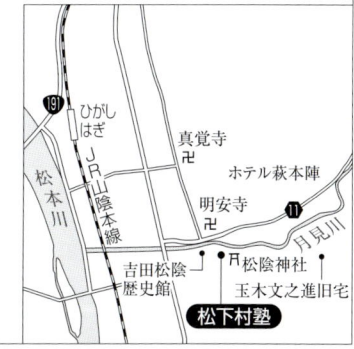

大分県日田市

咸宜園

　国指定史跡の咸宜園は大分県日田市にあり、この日田の地は、近世に江戸幕府の九州における天領支配の中心地で、代官所が置かれた。また、現在は日田市に合併されているが、旧豆田町と隈町には豪商が居住し、金融業を営んで栄えていた。

　その豆田町に、江戸時代後期の儒学者で、漢詩人として聞こえた廣瀬淡窓が塾を開いたのが咸宜園である。

　九州の天領の中心地、ならびに長崎にも道が通じることから、全国から多くの門弟が集まった。

　この咸宜園は、廣瀬淡窓の没後も義子の青邨、嗣子の林外らへと引き継がれ、明治30(1897)年頃まで続いた歴史を持つ。

　咸宜園が、学歴・年齢・家格を問わないいわゆる三奪法で、万人に門戸を開いたことなど、特色ある教育法は注目されよう。

　また付近には、明治2(1869)年に日田県知事松方正義によって捨て子らの収容施設として創設された日田養育館址がある。

国指定史跡

| 咸宜園跡 | 大分県日田市淡窓2丁目2番13号 |

廣瀬淡窓肖像(財団法人廣瀬資料館蔵)

廣瀬淡窓と咸宜園

　日田市は北部九州の中央に位置し、古代より交通の要衝として、また江戸時代には御料(天領)となり、代官や西国筋郡代の支配のもとで、掛屋と称する商家が台頭し、経済活動が活発化するなかで豊かな町人文化が栄えた地域である。

　歴史的な町並みが残る豆田町のなかで、博多屋廣瀬家の長男として天明2(1782)年に廣瀬淡窓は生まれた。幼少より病弱であった淡窓は、家督を弟久兵衛に譲り、

咸宜園絵図(財団法人廣瀬資料館蔵,大正2年)

自身は生涯を学問や教育に費やした。

　文化2(1805)年,豆田町の長福寺学寮を借りて私塾を開いた後,成章舎(せいしょうしゃ),桂林荘(けいりん)と場所を移して,文化14(1817)年,豆田町の南に私塾「咸宜園」を開いた。「咸宜」とは,「ことごとく皆よろし」という意味で,中国の「詩経(玄鳥)」からとったものである。

　明治30年に閉塾するまで,全国から4600人を超える入門者があったとされ,近世後期において日本最大の私塾であった。昭和7(1932)年,「咸宜園跡」は国指定史跡となった。

咸宜園教育と門下生たち

　咸宜園教育の特色は,三奪法(入門時に学歴・年齢・身分の三つを奪う)や月旦評(げったんひょう)(成績の客観的評価・試験による昇進制度),職人制(塾の自治運営組織)など,独自なシステムにある。

　また,漢詩人でもあった淡窓は,人情や思いやりのある人間の育成に詩作がもっとも効果的であったとして,情操教育を取り入れている。このように,学統や学派にとらわれない自由な教育思想は,その時代にあっては珍しく,とくに個性尊重の教育方針は,門下生の潜在的な能力の発現に大いに影響を与えたと思われる。

　門下生は,僧侶や医者など様々であったが,その後の日本の近代化に大きな影響を与えた人材を輩出した。なかでも,大村益次郎(兵部大輔(ひょうぶだいぶ))・高野長英(蘭学者)・上野彦馬(国内写真術の祖)・長三洲(ちょうさんしゅう)(文部大丞(じょう))らは著名である。

咸宜園の保存と活用

　現在の咸宜園は,天明元(1781)年に伯父の月化(げっか)によって建設された

秋風庵内部(天明元年建築)

「秋風庵」や,淡窓の書斎であった「遠思楼」などが残っているだけで往時を偲ぶことはできないが,明治16(1883)年や大正2(1913)年に作製された咸宜園絵図には最盛期の姿が描かれている。

今後は,発掘調査や史料調査の成果をもとに,咸宜園絵図を参考にしながら往時の姿に復元する予定である。

また,平成22(2010)年10月には史跡の解説案内や資料展示室を備えた咸宜園教育研究センターが開館した。

咸宜園跡(東側近景),手前は遠思楼,右奥は秋風庵

館内では，子どもから大人まで廣瀬淡窓や咸宜園について学ぶことができる体験学習用教材「咸宜園入門ぼっくす」(全18種)を利用することができる。

　咸宜園の教育理念や思想を後世へ継承していくことは容易ではないが，そこで実践された教育の姿は現代の教育にも通じる点が多く，個人の学ぶ意思が尊重された学風をみたとき，学びの原点がそこにはあったように思われる。

Information

問い合わせ先
咸宜園教育研究センター

所在地　〒877-0012　大分県日田市淡窓2-18

TEL：0973-22-0268
FAX：0973-22-0268
http://www.city.hita.oita.jp/kangien/

開館時間　10:00〜16:00

注意事項　入館料その他詳しいことはお問い合わせください。

千葉県佐倉市

佐倉順天堂記念館

　千葉県佐倉市にある佐倉順天堂記念館は、現在の順天堂医院・順天堂大学のおこりとなった幕末の蘭方医佐藤泰然の開いた医学塾で、安政5（1858）年に建てられた建物などが公開されている。

　順天堂が設けられた佐倉藩は、幕末期に日米修好通商条約の締結交渉をハリスと行なった老中首座堀田正睦が藩主で、正睦は天保7（1836）年に藩校の改革を実施し、蘭学を取り入れた。

　そうしたなかで、江戸より佐藤泰然が招かれ、順天堂を中心に領民に種痘が行なわれ、天然痘が根絶されたといわれる。

　佐藤泰然は、種痘や先進的な医療を施すとともに、優れた教育者でもあり、その養子の佐藤尚中は東京湯島に現在の順天堂医院を開き今日に至っている。

　幕末の激動期、蘭癖ともいわれた堀田正睦による佐倉の洋学の振興が、近代医学の礎を順天堂という形で築くことにつながったことに注目したい。

千葉県指定史跡

| 佐倉順天堂記念館 | 千葉県佐倉市本町81 |

佐藤泰然胸像

佐倉順天堂とは

　老中兼外国事務取扱として、ハリスと交渉したことでも有名な幕末の佐倉藩主堀田正睦は、「蘭癖」と揶揄されるほど蘭学に傾倒し、藩士を江戸や長崎に送って修行させるだけではなく、藩校でも蘭学が学べるようにしていた。その正睦が佐倉に招いたのが、佐藤泰然である。

　泰然は、長崎で蘭方医学を学んだ後、江戸薬研堀で塾を開き、外科専門の治療を行なっていた。

佐倉順天堂記念館

　天保14(1843)年8月，泰然は正睦の招きに応じ，佐倉城下の本町に順天堂という塾兼診療所を開いた。「順天」とは，易経・漢書・後漢書などの中国の古い書物にある言葉で，「天の道に順う」という意味である。

　現在，記念館として公開している建物は，安政5年に建てられたものであり，病院建築としての名残りも「薬受け口」など，随所に残っている。

　記念館のなかには，幕末の手術道具をはじめ，佐倉順天堂ゆかりの資料や佐藤泰然の養子となった佐藤尚中や，実子であり佐倉順天堂で学んだ松本良順（初代陸軍軍医総監）や，そこで生まれ育った林董(はやしただす)（日英同盟

応接の間及び薬受け口

協約締結の際の駐英大使，後の外務大臣，逓信大臣）らの書も展示されている。

また，建物の南側に近接する本町街区公園は，佐倉順天堂の敷地内だったところであり，明治期に造立された佐藤泰然・佐藤舜海(しゅんかい)（佐倉順天堂3代目）の顕彰碑が建っている。

建物を含めたこれらの区域は，昭和50(1975)年に千葉県指定史跡となった。

佐倉順天堂での教え

佐藤泰然は，佐倉順天堂において塾生らとともに嘉永4(1851)年に，日本で最初の膀胱穿刺(せんし)の手術を，また翌年には当時難しいといわれていた卵巣水腫の手術に成功している。

泰然は，順天堂の塾生がオランダ語の習得と書物だけの勉強に偏ることなく，実際の診療に役立つ知識，技術について実践を交え，習得させることを目指した。

日本近代医学の先駆けとして

慶応元(1865)年の記録によると，北は松前藩（現，北海道）から南は佐土原藩（現，宮崎県）まで全国各地から門人が集まったことが分かっている。

佐倉順天堂の優秀な塾生のひとりであった山口舜海（のちの佐藤尚中）

座敷・手術道具

は，泰然の養子となり，明治政府に仕えた。

明治2（1869）年には，乞われて大学東校（東京大学医学部の前身）を主宰する。この東校の教授の多くは，佐倉順天堂の出身者であった。また，その後，尚中は，東京に順天堂を開設している（現在の順天堂大学）。

展示室

尚中以外にも，一族・門流からは多くの優秀な人材を輩出している。全国各地から集まった塾生は，その多くが地元に戻り，地域医療の向上に貢献した。

佐倉順天堂の医学は，帝都東京において日本の近代医学の行方を示す道しるべとなった。

また全国に塾生が散ったことで，地方の医師のレベルを著しく向上させ，中央と地方の双方から，日本の近代医学を前進させる原動力になったといえる。

廊下

Information

問い合わせ先
佐倉順天堂記念館

所在地 〒285-0037　千葉県佐倉市本町81

TEL：043-485-5017

開館時間 9：00～17：00
（入館は16：30まで）

注意事項 詳しいことはお問い合わせください。

岡山県備前市

閑谷学校

　国特別史跡の閑谷(しずたに)学校は，寛文10(1670)年に岡山藩主池田光政により，庶民子弟を主とする儒学・習字・算術を教授するために開かれた岡山藩の郷学である。はじめは閑谷学問所，明治時代以降は閑谷精舎などと称されたが，明治3(1870)年に藩学校となった。

　この学校が設置された大きな理由は，藩主池田光政が領内に設置した手習所の維持の困難さをみてのことで，永続させるために学校奉行津田永忠(つだながただ)に社倉米(しゃそうまい)制度や学校領・下作人制度を定めさせた。

　庶民子弟の教育をこのような形で推進した意味合いを考えるとともに，近世庶民教育のあり方がよく理解できよう。

　学校の周囲は，国重要文化財のかまぼこ型の石塀(せきへい)で囲われ，国宝の講堂が建ち，重要文化財の孔子を祀る大成殿などがある。また，近くには池田光政を祀る閑谷神社，閑谷学校資料館，ここを訪れる文人墨客をもてなす茶室の国特別史跡の黄葉亭などがある。

国特別史跡

旧閑谷学校　岡山県備前市閑谷784

はじめに

　岡山県東南部の備前市に位置する郷学閑谷学校は，岡山藩主池田光政が，儒学に基づく仁政の実現という高邁な識見のもとに，郡代津田永忠に命じ，寛文10年，全国に先駆けて創設した庶民のための教育施設である。諸施設は30余年の歳月をかけて元禄14(1701)年に完成したもので，主要な施設がよく遺っている。

　備前焼瓦葺き(かわらぶき)・漆塗り仕上げの壮麗な建造物は，江戸時代の学校施設の典型として，教育史・建築史上極めて価値が高く，国特別史跡として，また講堂は国宝，習芸斎(しゅげいさい)・飲室(いんしつ)・小斎(しょうさい)・文庫・聖廟(せいびょう)・閑谷神社・石塀及び門は，いずれも国の重要文化財に指定されている。

閑谷学校講堂遠景

石塀と講堂

閑谷学校の教育

　閑谷学校では,岡山藩領村々の子どものほか,他領の子どもの入学も認めていた。武士や医者の子どもも学んでいたが,生徒の年齢は8歳から19歳までと様々で,遠方の村々出身の生徒は学房に寄宿し,年長者の指導で毎日勉強に励んでいた。

　教授役及び読書師・習字師が常住して生徒の教育にあたり,主に儒学(朱子学)を教えていた。在学生は50〜60名で,修学年限は1カ年であったが,数年間在学して勉強に励む生徒もいた。

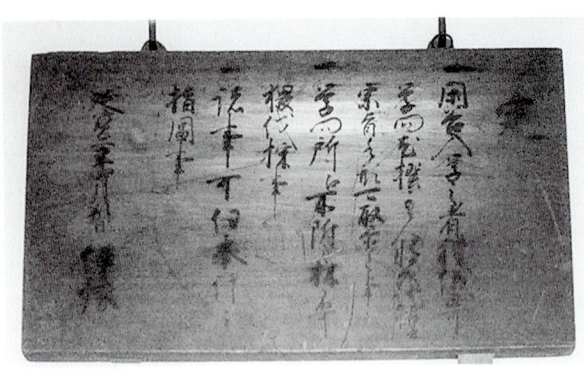

講堂壁書

　授業は5日を単位として行なわれており，毎月1の日（1・11・21日）と6の日（6・16・26日）には講堂で教授役による四書（『大学』『中庸』『論語』『孟子』）の講釈，3の日と8の日には習芸斎で読書師による五経（『易経』『書経』『詩経』『礼記』『春秋』）の講釈が行なわれていた。このほか，5の日と10の日の休日を除いて，毎日3時間ほど習字所で習字と四書・五経の素読などが行なわれており，また教官宅でグループ指導や個別指導なども行なわれていた。

おわりに

　閑谷学校は，幾多の変遷はあるものの，創建当初の建学の精神が岡山

講堂内部

校門

県青少年教育センター閑谷学校および岡山県立和気閑谷高等学校に守り継がれている。

　施設は，財団法人特別史跡旧閑谷学校顕彰保存会が管理しており，文化講演会・史跡めぐり・釈菜・読初の儀など，活発な顕彰活動を展開している。

　今日も，国宝の講堂からセンター研修生の論語朗誦の声が山々にこだましている。

Information

問い合わせ先
財団法人　特別史跡旧閑谷学校顕彰保存会
所在地　〒705-0036　岡山県備前市閑谷784

　【保存会事務局】
　TEL:0869-67-1427
　FAX:0869-67-1436
　【史跡受付】
　TEL・FAX:0869-67-1436
　E-mail:hozonkai@shizutani.jp
　http://shizutani.jp

開館時間　9:00〜17:00
　　　　　（入館は16:30まで）
注意事項　団体の見学は事前予約が必要です。

閑谷学校　33

茨城県水戸市

弘道館

　弘道館は，平成23(2011)年3月11日に発生した東日本大震災により被害を被ったが，修復作業も進み，元に復しつつある。

　これまで天保12(1841)年の創設以来，自然災害の被害を被ったことはなかったが，元治元(1864)年の元治甲子の乱と昭和20(1945)年の太平洋戦争の空襲により多くを焼失した歴史がある。正門・正庁や至善堂などは往時の姿をとどめ，国の重要文化財に指定されている。

　弘道館は，水戸藩9代藩主の徳川斉昭により創立された藩校で，尊王攘夷思想を説いた藤田東湖や会沢正志斉らの意見を取り入れ，後期水戸学の中心となり，その教育内容は当時としては時代を先行するものであったといわれる。弘道館の成立が，幕末の激動する政治や社会情勢などに尊王攘夷論を軸にどのような影響を与え，またその後の明治維新へとつながったかを考えてみたい。

国指定重要文化財・特別史跡

(旧)弘道館　茨城県水戸市三の丸1丁目6番地29号

八卦堂　建学の精神が刻まれた弘道館記碑が納められた八卦堂。

対試場・正庁 奥の「正庁正席の間」では藩主が臨席して試験や諸儀式が行なわれ，手前の対試場では武術の試験が行なわれた。

正門 藩主が来館した時など，正式な場合にのみ開かれた門。

弘道館とは

　弘道館は天保12年，水戸藩9代藩主徳川斉昭によって創設された水戸藩の藩校である。藩校としてのスタートは比較的遅かったものの，弘道館の建学精神と教育実践は，幕末の日本に大きな波紋をもたらした。

　とくに，弘道館教育の基本精神を高らかにうたい，その後の日本に大きな影響を及ぼすこととなった「弘道館記」は有名で，その石碑は現在も弘道館公園の一角にある八卦堂に納められている。

弘道館の教育

　藩士の子弟は城下にある藩公認の私塾である家塾で基礎教育を経て，

至善堂 藩主の休息所や諸公子の勉学の場として使用された。徳川慶喜が幼い頃に学び、大政奉還後に謹慎した場所。

梅林(文館跡) 2月末から3月中旬にかけて白梅や紅梅が一面に咲く。

15歳で弘道館に入学して以降,身分の高い藩士とその子弟ほど出席日数が多くなるという,厳しい日割により文武の修行に励んだ。学問に対する厳しい姿勢は,40歳以上の免除はあっても,卒業はないということにも表されている。

弘道館は,水戸城三の丸の5万4000坪(17.8ha)にのぼる敷地に,本館(学校御殿)・文館・武館・医学館・天文台などとあわせ孔子廟や鹿島神社などが建てられ,広大な調練場や馬場なども整備された。文武不岐・神儒一致という弘道館教育の精神を文字通り形で表していた。

弘道館内には,当時の学問の雰囲気を伝える貴重な史料の数々が展示されている。

弘道館の変遷

　多くの人材を育てた弘道館は，幕末の荒波や藩内の動向に翻弄され，教育方針の揺れ動きや学生の政治行動による混乱など多難な変遷を辿（たど）り，戊辰（ぼしん）戦争時には多くの貴重な建築物群が焼失するという事態もあった。

　明治以降の弘道館は，県庁舎や高等学校の校舎などさまざまに利用され，一時は荒れるにまかせた時期もあったが，現在は「旧弘道館」として国の特別史跡になり，戦火にも耐えた正庁・至善堂・正門は国指定の重要文化財となって現存している。

弘道館のみどころ

　弘道館は，水戸駅近くの市の中心街に位置しているが，周辺は文教地区で落ち着いた雰囲気に包まれている。その中心に存在する弘道館に一歩足を踏み入れると，重厚な建物と静寂な空間が待ちうけている。

　館内の建築美と史料から歴史の息吹を感じた後は，庭を歩き，水戸拓（本）の伝統を継ぐ売店を覗き，館外の公園にある梅林と往時の雰囲気を伝える建造物のなかを散策すれば，身も心も江戸時代の弘道館にタイムスリップするに相違ない。

Information

問い合わせ先

弘道館事務所

所在地　〒310-0011　茨城県水戸市三の丸1-6-29

TEL：029-231-4725
FAX：029-227-7584
http://www.koen.pref.ibaraki.jp/park/kodokan01.html

開館時間　9：00〜17：00（2/20〜9/30）
　　　　　　9：00〜16：30（10/1〜2/19）

注意事項　現在，震災の影響により建物内（正庁，至善堂など）には入れません。庭園部分のみ無料で観覧できます。

宮城県大崎市

旧有備館及び庭園

　国指定史跡・旧有備館は、現存する近世の郷学の遺構としてもっとも古いものとされている。

　伊達正宗は、米沢から居城を岩手沢に移し岩出山（いわでやま）と改称し、ついで仙台に居城を移し、岩出山の地は伊達家一門が引き継ぎ、明治まで居城として続いた。

　この岩出山伊達家の学問所が有備館で、元禄4(1691)年創建の春学館を、翌年に有備館としたといわれる。

　有備館の名称は、史記の一節からとったもので、「文事あれば必ず武備有り、武事あれば必ず文備有り」からといわれる。

　伊達家一門の岩出山伊達家は、藩校の養賢堂（ようけんどう）よりもいち早く学問所を開設し、家臣の子弟の教育にあたったことは注目される。

　また、ここで学んだ優秀な者は、藩校で学ぶ機会が与えられたといわれ、藩士らの教育にかける為政者の姿勢や考え方のあり様をうかがい知れよう。

国指定史跡・名勝

旧有備館及び庭園	宮城県大崎市岩出山字上川原町6

　仙台藩祖伊達政宗は、天正19(1591)年に米沢から岩手沢に居城を移し、岩手沢を岩出山と改めた。大崎（おおさき）・葛西（かさい）一揆で荒廃した城や城下町の修築に取り組み、慶長8(1603)年、仙台に居城を移すまでの約12年間、岩出山を本拠としている。その後、政宗の4男宗泰（むねやす）を初代とする岩出山伊達家が代々伊達一門として明治を迎えるまで治めた。

郷学　有備館

　旧有備館は、江戸時代に岩出山伊達家の家臣子弟の学問所（郷学）となった建物である。

　有備館では、「行跡を慎み、武道を励み、人倫を正し、篤実を専らにし、自然と惇朴の古風に復し、治乱共に御用立候様に教育致す」ことを

旧有備館及び庭園

目標とし，寺子屋での教育を終えた家臣子弟が儒学・漢学・皇学・兵学などを学んだといわれている。

とくに学業が上達した者は，仙台の養賢堂（藩校）や江戸の昌平坂学問所などで学ぶことができた。その頃は，現在よりも広い敷地のなかに学舎や射場・馬場などがあり，文武の知識と技を磨いたといわれている。

現在は，伊達家当主が時折講義に臨むための場所であった「御改所」（主屋）と，その附属屋だけが残されている。建築年代は江戸初期の延宝5（1677）年頃，2代宗敏の時代に隠居所として建てられたといわれており，その後，伊達家の下屋敷として使用されたと伝わっている。

主屋は，一重・寄棟造り・茅葺きで，竹に雀の伊達家の家紋が入った付書院を配しており，東面・南面には庇縁を廻している。附属屋は一重・寄棟造り（一部，小屋組造り）・茅葺きで北面に式台が配されている。

主屋と庭園の紅葉

茶室　松花庵

有備館庭園

　庭園は，正徳5（1715）年，4代村泰（むらやす）の頃に整備され，仙台藩の茶道頭石州流（せきしゅうりゅう）3代清水道竿（しみずどうかん）によって作庭された庭園で，岩出山城本丸の断崖を借景とし，池には，鶴島・亀島・兜島・茶島を配し，その周りを廻って楽しむことのできる池泉廻遊式庭園である。

　庭園内には，樹齢300年になる山桜や椿，百日紅（さるすべり）の古木や草花が植栽され，四季折々の景色が楽しめる。

對影樓の扁額

　村泰は，仙台藩の学者で「奥羽観跡聞老志（おううかんせきもんろうし）」の著者である佐久間洞巖（さくまどうがん）を岩出山に招き，論語や孟子の講義を開講している。御改所の床の間に掲げられている「對影樓（たいえいろう）」の扁額（へんがく）は，有備館の主屋が，池に映るさまを現し，洞巖が作成して贈ったと伝わっている。

　また，洞巖は将軍家に仕えていた儒学者の新井白石とも親交が深く，

對影樓の扁額

多くの書簡を取り交わしているが,そのなかにも岩出山での講義のことが触れられている。

　旧有備館及び庭園は,昭和 8 (1933)年 2 月28日,国の史跡・名勝に指定されている。

Information

問い合わせ先
旧有備館及び庭園
所在地 ──〒989-6433　宮城県大崎市岩出山字上川原町 6

　TEL・FAX：0229-72-1344

大崎市教育員会文化財課
所在地 ──〒989-6492　宮城県大崎市岩出山字船場21

　TEL：0229-72-5036
　FAX：0229-72-4004
　E-mail：ed-bunka@city.osaki.miyagi.jp

注意事項　復旧工事中につき詳しくはお問い合わせください。

旧有備館及び庭園

長野県長野市

文武学校

　国指定史跡の旧文武学校は，松代藩8代藩主の真田幸貫が水戸藩の弘道館を手本に佐久間象山らの意見を取り入れ，立ち上げた藩校といわれたもので，安政2（1855）年に開校した。

　このような藩校を設けた背景には，真田幸貫が幕府の老中兼海防掛となったことに深い関係があることに注目したい。

　文武学校近くには，象山神社，佐久間象山宅跡，象山記念館があり，文武学校と関係の深い佐久間象山の事績が伝えられている。

　老中兼海防掛の真田幸貫は，藩士の佐久間象山に海外事情を研究させたが，象山は同時に伊豆韮山の代官江川太郎左衛門から砲術を，黒川良安から蘭学を学び，洋学者として名をはせ，勝海舟・吉田松陰・坂本竜馬・橋本左内らを教えた。

　しかし，吉田松陰のアメリカ密航計画に連座して，松代で9年5カ月ほど蟄居し，赦免後に開国と公武合体論を唱え，元治元（1864）年に京都で攘夷派に暗殺され，生涯を閉じた。

国指定史跡

| 旧文武学校 | 長野県長野市松代町松代205番地1 |

旧文武学校正面入口

真田十万石の城下町

　長野市松代町は松代藩,真田10万石の城下町であり,長野市内の2割の文化財が集中する歴史と文化の町である。旧文武学校は,松代城三の丸の堀の南に位置し,松代藩士子弟の習練・教育の場として,文武両道の教えをそのまま校名とし,安政2年に開校した。

　敷地面積は5288m^2。昭和28(1953)年3月に国史跡の指定を受けている。江戸時代から明治時代初期まで,国内で開設された藩校は280校余り。なかでも文武学校は,創建期のほぼすべての建物を当初の位置に残す,全国唯一の藩校である。

弓術所における体験教室の様子

文武学校の教育

　8代藩主真田幸貫(松平定信次男)は,学問・武芸を奨励し,佐久間象山らの意見を受けて,嘉永4(1851)年に学校建設の準備に着手し,翌嘉永5年5月,孫幸教に藩主の座を譲った。

　9代藩主となった幸教は,祖父幸貫の遺志を継いで工事を続け,嘉永6(1853)年に建物が完成した。しかし,同年5月,藩主の居館である花

文学所内部

東序

の丸御殿の焼失により，建築途上の文武学校が仮御用部屋にあてられ，安政元(1854)年6月，花の丸御殿の再建工事完了を待って，安政2年4月にようやく開校となった。

　開校式では，文学所において『大学』の講義が行なわれ，東序(とうじょ)では8流の軍学講義，西序(せいじょ)では習礼と和漢医学の講義があり，弓術所では5流10人，剣術所5流8人，槍術所7流13人と，西洋砲術2人，柔術所では2流6人と諸技6人の各師範が教授を行なった。ここでは，8歳から14歳くらいまでは文芸を，15歳から35歳くらいまでが武芸を習ったとされ，生徒の数は年によって違いはあるが，毎年約100人が通ったとされる。

　文武学校は，武術場が文学所などの教場を囲むように配置され，武術場に比べて教場の割合が小さいこと，他の藩校にみられる孔子を祀る聖廟がないことが特徴としてあげられる。各建物は，彫刻など装飾的なものはほとんどなく，実用性を重視した構造となっている。

(活かして保存する)

　旧文武学校では，文化財に対する愛着と誇りを持ってもらおうと，使いながら手入れをし，手入れをするなかから文化財の価値や脆弱さ(ぜいじゃく)，美しさを感じてもらうよう，積極的に利活用を行なっている。

文学所廊下

槍術所内部

　弓術所や剣術所などの道場は，子どもから大人まで，それぞれの武術，流派の道場として，文学所や東序・西序などの教場は，茶道や琴・生け花，時には小学校の教室やギャラリー，パフォーマンスの場として積極的に活用されている。利用者は，旧文武学校を自分たちの文化財として意識し，そこに人が集い，交流し，その魅力を存分に享受している。

剣術所

Information

問い合わせ先

松代文化施設等管理事務所（真田宝物館）

所在地　〒381-1231　長野県松代町松代4-1

TEL：026-278-2801
FAX：026-278-2847
E-mail：houmotsukan@city.nagano.lg.jp

開場時間　9：00～17：00
（入場は16：30まで）

山口県萩市

旧明倫館

　国指定史跡の旧明倫館は，享保3（1718）年に萩藩5代藩主毛利吉元により萩城三の丸に創立された藩校である。のちの嘉永2（1849）年に，13代藩主毛利敬親（たかちか）により移転・拡張され，明治維新を担う多くの人材を輩出した。

　明倫館の名称は，「孟子」のなかの「皆人倫を明らかにする所以なり」からとられている。幕末には，洋式医学や兵学も教授した歴史を持ち，時代の要請に応じて教育の実践が注目される。

　文久3（1863）年，萩から山口に藩庁が移転した際に，山口に山口明倫館が設立されるとともに，明治時代に入ると萩の明倫館は萩中学校，山口明倫館は山口中学校となり，萩の明倫館廃校後に建物は払い下げられて移築されていった。

　この明倫館の地には，明倫小学校があり，昭和10（1935）年に建てられた明倫小学校本館は国登録有形文化財となっている。

国指定史跡

| 旧萩藩校明倫館 | 山口県萩市大字江向602番地 |

明倫館の歴史

　明倫館は，享保3年，家臣の文武修業を目的に，萩藩5代藩主毛利吉元により萩城三の丸の平安古惣門（ひやこのそうもん）西隣（追廻し筋）に建設された。その後，有能な藩士を数多く養成する教育が急務となり，嘉永2（1849）年，13代藩主毛利敬親により江向の地（現在の萩市立明倫小学校敷地）に敷地面積1万5000余坪の新明倫館が移転・拡張された。明治維新までの19年間，明倫館から多くの傑出した人材を輩出し，多事多難，非常時の連続を巧みに切り抜けていくことになる。

　明倫館の教育は，文武ともに和・漢・洋の全般にわたり，最高の高等教育を施したもので，当時としては可能な限りの世界文化を一堂に集めた総合大学ともいうべきものであった。明倫館創建当時から総大門に掛けられていた『容衆』の額には，「衆を容る（ようしゅう）（多くの人を包容する）」と

建築当初の位置に復元された南門

いう名言がある。この建学の精神が幕末の原動力になったことはいうまでもない。

移築された遺構

藩校明倫館は、慶応3(1867)年、大政奉還によりその使命を終え、明治3(1870)年に萩中学に移行する。その後、新校舎が建設されたため、藩校の建物は取り壊されていくが、何棟かは移築され、市内に点在することになる。また、有備館・水練池・明倫館碑はそのまま現位置に残存することになる。

国登録有形文化財明倫小学校本館

有備館は、享保年間建造の旧明倫館の剣術場と槍術場を移して拡張したもので、藩士の練武のほか、他国からの修業者との試合場、すなわち「他国修業者引請剣槍術場」でもあった。

水練池は、周囲を玄武岩の石垣で築いた東西39.5m、南北15.5m、深さ1.5mの池で、遊泳術、水中騎馬の練習が行なわれた。藩校水練池として、わが国に現存する唯一の遺構である。

明倫館碑は、2基からなり、向かって左側は明倫館創建21年目の元文6(1741)年に6代藩主毛利宗広が創立の由来を伝えるために建てたもの

松陰先生のことばの朗唱風景

である。玄武岩の石碑には，2代学頭山県 周 南撰文，3代学頭津田東陽の書による「明倫館記」が刻まれている。右側は嘉永2年，13代藩主毛利敬親が新明倫館の開校を記念して10代学頭山県太華に「重建明倫館記」を撰ばせている。移築された遺構は，聖廟，南門，観徳門，聖賢堂，万歳橋があり，聖廟周辺の建造物がよく残っている。

聖廟は，明治8(1875)年に寺院の本堂として移築されている。藩政時代は全国の藩校で学内に壮大な聖廟を造営し，孔子を学神として祀ることを理想としていた。明倫館もその例にもれず，聖廟を敷地の中心部に造営し，内部には孔子の木主を祀っていた。

南門は，弘化5(1848)年に明倫館の正門として建てられたもので，明倫館全体からみて南にあたるので南門と名付けられたが，通称は表御門と呼ばれていた。往時は，藩主が聖廟を拝する春秋の孔子祭や公式行事以外には扉を開くことはなかった。明治15(1882)年に寺院の表門として移築されたが，平成18(2006)年3月に建築当初の位置に復元した。

旧萩藩校明倫館の史跡指定面積は，2回の追加指定を経て9570.07m^{2}となり，指定地内に建つ昭和10年建築の明倫小学校本館は国の登録有形文化財に，南門など明倫館遺構5件が市の有形文化財(建造物)に指定されている。

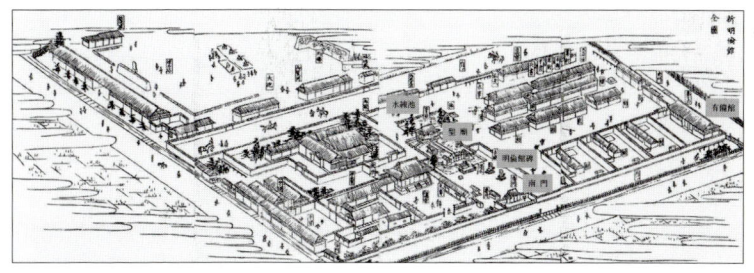

八江萩名所図画(新明倫館全図)

朗唱の声

　明倫小学校は，昭和56(1981)年より，毎朝，松陰先生のことばを朗唱している。学年ごと，学期ごとにことばが変わる。小学生にこんな難しいことばをいわせて，という意見もあるが，昔から素読という学習方法もあり，「読書百篇，意自ら通ず」といわれるように，毎日声に出していうことにより，だんだんと意味がわかってくる。大人になってからも，ふと思い出すこともある。論語のなかに「学びて時にこれを習う，またよろこばしからずや」という言葉もあるように，物は豊かになったけれど，心が貧しい人が増え，道徳教育の重要性が叫ばれている昨今，松陰先生のことばが，子どもたちの心の支えになってくれることを願っている。

Information

問い合わせ先

萩市役所観光課

- 所在地 ──〒758-0041　山口県萩市大字江向510
- TEL：0838-25-3139
- 開館時間　9:00〜17:00
- 注意事項　学校施設の敷地内のため，見学の際は学校事務室で受け付けを行なってください。

旧明倫館

愛媛県西予市

開明学校

　文部省は、明治5(1872)年にフランスの学校制度にならった統一的な学制を公布した。国民皆学教育を目指した画一的な制度は無理があったので、明治12(1879)年にアメリカ式の教育令に改められ、4年間に最低16カ月の就学が義務付けられた。開明学校は、明治15(1882)年に建てられた四国最古の小学校である。

　明治時代初期の小学校は、寺子屋や私塾などを起源としていることが多い。開明学校の前身は、明治2(1869)年に左氏珠山の門下生や町民の有志により建てられた私塾申義堂であった。明治5年、申義堂を開明学校として小学校を開校させ、1882年にこの校舎を建築した。屋根裏から発見された「開明学校新築始末書」の銘札により、建築時期と事情が明らかになった。この校舎は宇和町小学校として、大正10(1921)年まで使用された。後身の木造宇和町小学校校舎は、現在は宇和米博物館として利用され、109m ある百間廊下では、毎年、雑巾がけレース「Z-1」が行なわれている。

国指定重要文化財

| 開明学校 | 愛媛県西予市宇和町卯之町3丁目110番地 |

開明学校の外観(国指定重要文化財)

歴史ある町

愛媛県南西部に位置する西予市宇和町卯之町は，歴史と文化の町として知られる。藩政時代には，宇和島藩唯一の在郷町・宿場町として栄え，シーボルトの娘楠本イネが二宮敬作のもとで医学の勉強をした町である。

江戸時代中期からの伝統的町並みが今もなお残されており，その町並み一帯は，平成21(2009)年に全国で86番目となる国の重要伝統的建造物群保存地区に選定された。

国指定の重要文化財　開明学校

その町並みの一角に，開明学校がある。明治15年に建築された，西日本最古といわれる木造校舎である。南に向いた２階建ての小学校舎は，当時の町民が費用のほとんどを負担して建てられたものである。

寄棟造り・日本瓦・唐破風の玄関など，日本の伝統的建築技法を用いている一方，白壁をくり抜いたように並ぶアーチ型窓や，４カ所のドアには舶来のガラスが使用されている。

地方にありながら，見聞して理解し得た範囲の洋風要素を取り入れた擬洋風建築の開明学校は，明治の簡素な学校建築を知るうえで，貴重な遺構として，平成９(1997)年５月に国の重要文化財に指定された。

明治時代初期の掛図

開明学校は，現在，教育資料館として公開・活用され，江戸時代から

明治・大正時代の教室　　　　重要伝統的建造物群保存地区(卯之町の町並み)

の教科書や職員録や日誌など、学校関係資料約6000点を展示・収蔵している。

2階の一室には、木製の机と椅子とともに明治・大正時代の教室を再現し、教室の壁には、明治時代初期の教材として使用された「掛図」がみられる。紙が貴重な時代、教科書は大変高価であり、一部の裕福な家庭の子どもしか持つことができなかった。

明治期の新教育では、一斉授業形態の能率化が図られ、明治6(1873)年にアメリカの初等教育用のチャートを模倣して日本でも掛図が刊行され、児童全員に共通した教材として活用されたのである。

開明学校には、90本余りの掛図が所蔵されている。そのなかでも明治時代初期に刊行された五十音図・単語図・数字図などの43本の掛図は特に貴重であり、これだけ多くの資料がきれいな保存状態でまとまって残っているのは全国にないと評価されている。

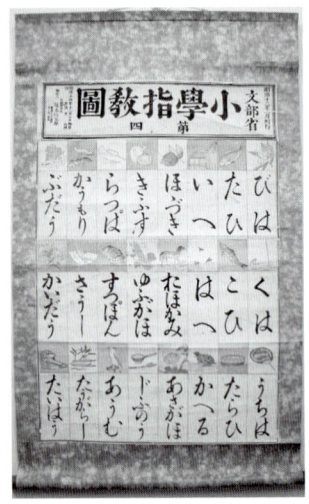

教科書の代わりに使用された掛図

教育への情熱を伝える

「開明」という名と、近代的要素を取り入れたモダンな校舎、それは

申義堂(明治2年造)

明治・大正時代の教材を用いた授業体験(要予約)

士族の子弟のみを対象とした藩政時代の教育制度から、身分、男女の差別なく平等に教育が受けられるという、まさに「文明開化」への人々の希望と期待が込められているといえる。明日を担う子どもたちのために学校建築に力を注いだ郷土の大人たち、そして新しい自由な時代の到来に向学心に燃えた子どもたち、その先人の教育への熱意の証ともいえる。

Information

問い合わせ先

西予市教育委員会 文化体育振興課
文化の里振興室

- **所在地** 〒797-0015 西予市宇和町卯之町4丁目327番地

  TEL:0894-62-6700
  FAX:0894-62-6701
  E-mail:bunkanosato@city.seiyo.ehime.jp (室)

- **開館時間** 9:00〜17:00
  (入館は16:30まで)

- **注意事項** 開明学校・宇和民具館・宇和先哲記念館・宇和米博物館4館セットになった共通券もあります。

長野県松本市

開智学校

　明治4(1871)年に設置された文部省は、翌年、フランスの学校制度にならい、国民皆学教育を目指した統一的な学制を公布した。学制の前日に公布された「学事奨励に関する太政官布告(被仰出書(おおせいだされしょ))」の「身ヲ修メ智ヲ開キ才芸ヲ長スルニヨルナリ」に由来する開智学校は、教育県長野のシンボル的存在である。この開智学校から、松本市内の小・中学校、高校、図書館などの社会教育施設が発展していった。隣接する現在の松本市立開智小学校の校舎の建築デザインも、開智学校をモチーフとして設計されている。

　明治新政府は、財源不足もあって、学校建設の費用を地元町村に求めていた。明治9(1876)年に、松本町民の寄付によって、開智学校は建設された。木造漆喰壁塗りの2階建て正面の屋上には、八角の太鼓楼、2階バルコニーの唐破風にエンゼルが掲げる学校名、屋根には日本瓦を載せるなど、和洋折衷の擬洋風(ぎようふう)建築は明治期の「文明開化」を象徴する建物でもある。

外観

国指定重要文化財

旧開智学校校舎 　長野県松本市開智2-4-12

はじめに

　長野県松本市の国指定重要文化財旧開智学校校舎は、洋風と和風の入り混じった擬洋風建築である。校舎を間近でみると、訪れる人を圧倒させる迫力がある。なぜ、明治時代初期にこのような学校が建築されたのだろうか。

開智学校校舎建築

　開智学校は明治6(1873)年5月に、

松本藩最後の藩主戸田家の菩提寺であった全久院で開校し、現在に遺る校舎は同9年に新築した。総工事費約1万1000円のうち、その7割を松本町民の寄附によってまかなった。当時の新聞には、「目今日本第一等の学校」

講堂

と記され、開智学校上棟式の様子を大勢の町民が見物にでかけ、大賑わいだった様子を伝えている。

教育権令永山盛輝

開智学校の校舎の新築を計画したのが、鹿児島県士族出身で時の筑摩県権令(現在の県知事)永山盛輝である。明治5(1872)年2月に学校創立告諭を発し、近代教育の普及にのりだした。

自ら筑摩県下を歩き、時には開智学校で学ぶ子どもたちを連れながら、

石盤・石盤ふき・石筆(小林俊夫寄贈)

校舎東側階段1階部分

特別展示室

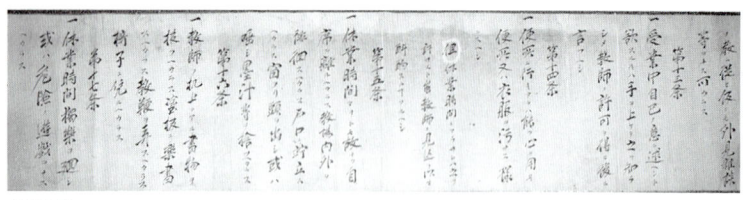

生徒心得

教育が大切であり、節約して学校を創立するよう村の人々に説いて歩いた。村の老婆が権令の話に感動してわずかなお金をさしだした話などが、随行の県官長尾無墨の書いた「説諭要略」(明治7年)に載っている。そして開智学校建築に際しても、各戸長を説得した。

大工棟梁立石清重

永山の指揮のもと、この校舎を設計・施工したのは地元の大工棟梁立石清重である。立石は何度か東京や横浜に足を運び、東京の開成学校(東京大学の前身)や東京医学校(東京大学医学部の前身)の建物や設計図を参考にした。

現存する立石清重のスケッチをみると、開智学校のそこかしこに、そのスケッチが活かされていることがわかる。舶来製のギヤマン(ガラス)をステンドグラスや窓に用いた。

さらに西洋風を真似た八角の塔や、漆喰壁に実際にレンガを積んだかのように描いた腰壁、エンゼルの飾りなど、西洋の空気を感じることができる。いっぽう、漆喰壁や屋根瓦などに在来の建築方法も取り入れており、なんとも面白い建築になっている。

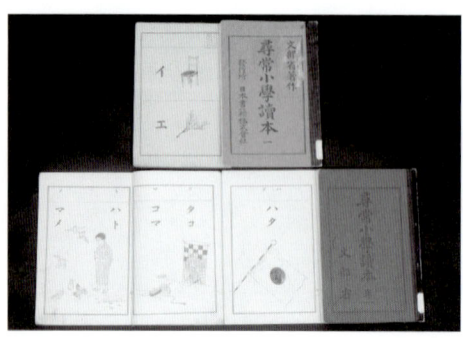

尋常小学読本一

おわりに

当時の学校設立は、国の施策として実施されたものである。そこに、文明開化に対する当時の松本の人々の意気込みが大きく影響して、開智学校は建築されたといえるだろう。

開智学校押絵びな

開智学校は昭和38(1963)年まで実際に小学校として使用され、その後、女鳥羽川のほとりから現在地に移転した。開智学校から松本市内の各小・中・高等学校はもとより、社会教育施設の博物館、図書館などが発祥しており、開智学校の果たした役割はきわめて大きかったといえる。

校舎全景(南東より)

今日、開智学校は松本市のシンボルであり、大切な文化・観光資源として、地域の皆さんの博物館として活き続けている。

※筑摩県…明治4年11月から明治9年8月まで置かれた県で、長野県の伊奈・諏訪・安曇や松本地方、それに岐阜県の飛騨地方を包括し、松本に県庁が置かれていた。

Information

問い合わせ先

松本市立博物館附属施設
重要文化財旧開智学校管理事務所

所在地 ─── 〒390-0876　長野県松本市開智2丁目4-12

TEL：0263-32-5725
FAX：0263-32-5729

開館時間 8:30～17:00(入館は16:30まで)

注意事項 入館料その他詳しいことはお問い合わせください。

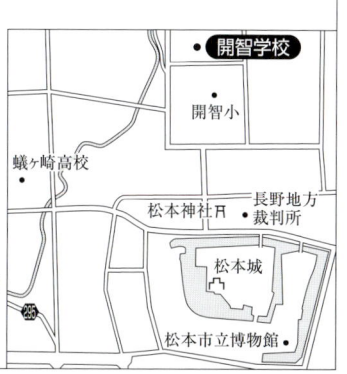

長野県佐久市

中込学校

　文部省は，明治5(1872)年，フランスの学校制度にならって学制を公布した。全国を8大学区に分け，各大学区に大学校1校，中学校32校，各中学校区に小学校210校を設ける規定であった。学制の前日に公布された「学事奨励に関する太政官布告（被仰出書）」には，「必ス邑ニ不学ノ戸ナク，家ニ不学ノ人ナカラシメン事ヲ期ス」と高らかに宣言したが，発足したばかりの明治新政府は，学校建設の費用は地元町村に負担を求めた。このため，学校建設は順調には進まなかったが，教育県長野では地元町村民の出資によって学校建設が各地で始まった。

　第6大学区第17中学区第7番区の小学校として，佐久郡下中込村と今井村，三河田村の組合立小学校が設立された。下中込村の小林寺を仮学校として成知学校を設立し，明治8(1875)年に竣工し中込学校として開校した。現存する擬洋風建築の学校では，日本最古である。建物の位置が当初のままなので，国史跡にも指定されている。

国指定重要文化財・国指定史跡

| 旧中込学校 | 長野県佐久市大字中込1877番地 |

旧中込学校

旧中込学校とは

 旧中込学校は、建築場所が当時のままの位置にある擬洋風学校では、日本最古級ものので、昭和44(1969)年に国の重要文化財に指定され、同年国史跡にも指定された。長野県の東玄関口の佐久市にあり、JR小海線滑津(なめづ)駅から歩いて5分ほどの住宅街のなかにある。

建築費は村人らの寄付で

 明治5年に明治新政府は「学制」を発布し、全国各地に小学校を設置しようとしたが、財政上の問題など

屋根にそびえたつ八角塔

もあり、山村部ではすぐに実現には至らなかった。
 しかし、当時この村には、教育に熱意を持つ人々が非常に多くいた。明治6(1873)年に村内にある小林寺を仮校舎として組合立の「成知学校」を設立した。その後、明治8年に村民及び近隣の篤志家らの寄付により、建築費の全てが賄われ、村民の献身的な協力も得て、わずか8カ月というスピードで旧中込学校は完成した。建築費の総額は当時の金額で6098円51銭8厘。現在の金額に換算しても相当な額である。

市川代治郎の足跡

 旧中込学校の設計・施工を請け負ったのは、地元の名主の次男に生まれた市川代治郎である。代治郎は、安政年間に東京築地の西本願寺の建築に、宮大工小林杢之助の脇棟梁として携わり、急死した棟梁に代わり、工事を完成させた。
 その技術をアメリカの建築家ケルモルトに認められ、ケルモルトの帰国に同行して渡米し、明治2(1869)年から4年余り、カリフォルニア州

中込学校

八角塔につり下げられた太鼓

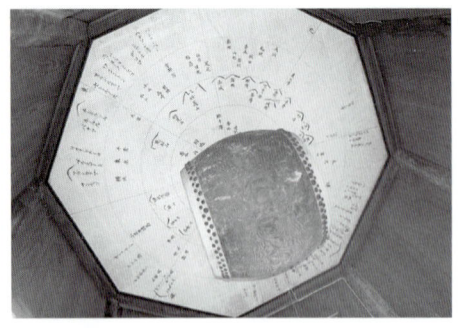

サクラメントで建築を学んだとされる人物である。帰国後，請け負ったこの学校には，洋風の建築様式が随所にみられる。

宮大工の技と洋風建築

　玄関やバルコニーは，ヨーロッパのルネサンスの石造建築の技法を，木造建築に応用したものである。ガラス窓を多用し，鎧戸を開けると明るい光が降り注ぐ。ステンドグラスが用いられていることから，「ギヤマン学校」とも呼ばれていた。カラーガラスが手に入らなかったため，ペンキを薄く塗り，色付けをしたのだという。この学校の美しさに，見学者が後を絶たなかった。

　また，校舎を正面からみると縦長で，アメリカ開拓期の教会型の小学校を模したことがうかがえる。さらに，屋根の上には八角形の塔がある。この技法は日本建築の技法であり，和洋折衷の建物といわれる所似である。この塔の天井中央に和太鼓を吊り下げ，一日５回打ちならして時を告げたので，地元では親しみを込め「太鼓楼」と呼んでいる。

旧中込学校のガラス

旧中込学校第一教場

教育者たちの願い

　太鼓楼の天井中央には、佐久地方の山々や町村名、その外側には日本の主な都市名、一番外側には、ニューヨーク・シンガポール・エベレストなど、世界の都市や山の名前が記されている。この方位図は建築当初はなく、後になって描かれたものだという。洋風建築の学校に学ぶ子どもたちが、広く世界規模の視野を持つようにと願った、明治期の教育者たちの壮大な意気込みが伝わってくる。

Information

問い合わせ先
佐久市教育委員会文化財課

所在地　〒385-0006　長野県佐久市志賀5953

　　　TEL:0267-68-7321
　　　FAX:0267-68-7323

開館時間　4月〜10月　9:00〜17:00,
　　　　　　11月〜3月　9:00〜16:00

休館日　毎週月曜日、祝日の翌日、
　　　　　12月29日〜1月3日

注意事項　入館料その他詳しいことはお問い合わせください。

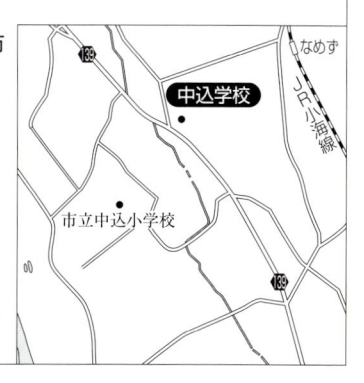

中込学校

宮城県登米市

登米高等尋常小学校

明治5(1872)年にフランスにならった学制が公布されたが，国民皆学を目指す画一的な制度は無理があったので，明治12(1879)年に就学義務を緩和するアメリカ式の教育令に改められた。明治19(1886)年に学校令が公布され，小学校・中学校・師範学校・帝国大学などの学校体系が整備された。小学校令では，尋常小学校4年と高等小学校4年が設置されることになり，尋常小学校3〜4年間が義務教育になった。明治40(1907)年に尋常小学校を6年間に延長し，高等小学校は2年課程になった。明治33(1900)年に義務教育の授業料廃止もあり，明治35(1902)年には就学率は90％を超えた。

北上川水運で繁栄した登米（とよま）には，この地域の中心地として多くの官公署が設けられた。学制公布の翌年に，凌雲（りょううん）小学校が開校し，明治12年には登米小学校になった。就学率向上と高等小学校並置に合わせて，この校舎が明治21(1888)年に建設された。白く仕上げられた和洋折衷の建物は，明治期の学校建築の特色をよく残している。

国指定重要文化財

旧登米高等尋常小学校校舎　宮城県登米市登米町寺池桜小路6

ロマンあふれるみやぎの明治村

旧登米高等尋常（とよまこうとうじんじょう）小学校校舎は，宮城県の北東部，北上川に接した登米（と）米市登米町（めしとよままち）に所在している。登米市は，平成17(2005)年，近隣の9町が合併して誕生した町であり，そのなかで登米町は伊達支藩の城下町で舟運により，古くから政治・経済・文化の中心として栄えた地域である。

市街地は，当時の町割り・街並みが色濃く残り，武家屋敷・蔵造り商店があり，明治時代初期，岩手県南部と宮城県北部を統括する県庁が置かれたことから，明治の洋風建築がそのまま残っており，「みやぎの明治村」として県内外より多数の観光客を集めている。

さらに平成21(2009)年3月，三陸縦貫自動車道登米インターチェンジが開通したことにより，交通の便もよくなっており，南三陸を結ぶ観光

旧登米高等尋常小学校校舎の全景

の拠点となっている。

堅牢でありハイカラな学舎

「みやぎの明治村」を構成する重要な建造物である旧登米高等尋常小学校校舎は、昭和38(1963)年に宮城県重要文化財に指定され、ついで同56(1981)年に国の重要文化財に指定されたものである。

木造2階建て(建築面積841.7m^2)、素木造り・瓦葺き屋根の校舎で、明治期のハイカラさをそのまま残している。平面は「コ」の字形で、正面校舎の中央に吹抜式玄関が突出し、その2階は吹抜けのバルコニーとなっている。

また両翼校舎の先端には、六角形を半分にした形の生徒用の出入口がつく。教室の前面には、吹抜けで欄干を持つ廊下がつけられており、明治期の学校建築の特色を残している。小屋組などにキングポストトラスの洋風を採用する一方、完全なペディメントを構成しない切妻・破風板の意匠・悼縁天井・引違窓を使用するなど、旧来の和風的特徴を保ち、擬洋風建築としての和洋がよく調和している。

工事は、質素でしかも堅牢を極めており、明治21年の竣工であるが、今日でも狂いがない。設計・監督者はヨーロッパで日本家屋の素晴らしさを紹介し、帰国後、宮城県職員となった山添喜三郎である。

教育資料館として生まれ変わる

教育施設としてこの学舎の役割は、昭和48(1973)年4月、86年間の歴

体験授業（申込が必要）

昔の給食体験（申込が必要）

史にピリオドを打った。その後，昭和62(1987)年より2カ年をかけ保存・修理工事を受け，平成元(1989)年,「教育資料館」として展示施設という新たな役割を担い，一般公開されているところである。

　現在，1階7教室，2階8教室は，一部「再現教室」として明治期から昭和期まで実際に使われていた机・椅子・足踏みミシン・オルガンなどが置かれ，明治期から平成期の教科書・学校日誌・卒業証書・通信簿などが展示されている。

また，申し込み人数によっては平日に限り，「体験授業」「昔の給食体験」などが実施されており，「昔の給食体験」は，コッペパンと瓶牛乳，おかず付きと，昭和の世代でもなつかしさを覚えるものとなっている。

　この堅牢でありハイカラな明治期の学舎は，時代の流れを見続け，これからも新たな役割を担い続けていくことであろう。

2階廊下

Information

問い合わせ先

(株)とよま振興公社

所在地 〒987-0702　宮城県登米市登米町寺池字桜小路6番地

TEL：0220-52-5566
FAX：0220-52-2630
http://www.toyoma.on.arena.ne.jp/

開館時間 9：00～16：30

注意事項 東日本大震災の影響により一般公開を制限している場所があります。詳しくはお問い合わせください。

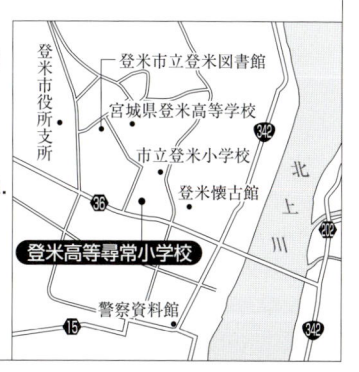

山梨県甲府市

甲府市藤村記念館(旧睦沢学校校舎)

　文部省は，明治5(1872)年，フランスの学校制度にならって学制を公布した。「学事奨励に関する太政官布告(被仰出書)」には，「必ス邑ニ不学ノ戸ナク，家ニ不学ノ人ナカラシメン事ヲ期ス」と宣言した。明治新政府は，学校建設の費用を地元町村に求めた。

　明治6(1873)年から14年間，山梨県令を務めた藤村紫朗は，殖産興業政策を推進するために，その象徴として多くの洋風建築物を建造させた。藤村式建築と呼ばれる擬洋風建築は，宮大工や左官職人たちが伝統的和風建築の技術を用いて，外観を西洋建築に似せてつくったものである。とくに，藤村県令は教育普及のため学校建設に力を入れ，広く県内に寄付金を募って各地に擬洋風の小学校を建てた。巨摩郡睦沢村亀沢に明治9(1876)年に完成した睦沢学校は，黒塗りアーチ型の窓，バルコニーのついた2階，宝形造の屋根の上につくられた太鼓楼，ルネサンス風の円柱，漆喰塗りの外壁など，以後の藤村式学校建築の模範になっている。

国指定重要文化財

| 甲府市藤村記念館(旧睦沢学校校舎) | 山梨県甲府市古府中町2614 |

武田信虎に始まる500年の都

　甲府市藤村記念館は，現在JR甲府駅北口駅前広場の一角にたたずんでいる。甲府市は戦国時代，武田信虎が甲斐の府中(中心地)として拠点を築いたことに始まり，それ以後，約500年間にわたり甲斐(山梨県)の首府として機能している。

　およそ中央線を境に，北側には武田氏館跡を基点とする中世の町並み，南側は甲府城を中心とした近世の城下町が垣間みられ，両者が複合的に発展したことが特徴としてあげられる。

青年県令の振興策

　明治6年，山梨県権令(現在の知事，のちに県令となる)に任命された

甲府市藤村記念館

のが，当時29歳の藤村紫朗である。藤村が着目したのは，産業の振興・教育の振興・道路の建設であった。藤村は，当時，西洋諸国との主要な貿易品だった生糸に着目し，養蚕と蚕糸業の振興にもっとも情熱を注いだ。また同時に，教育の振興にも力を注ぎ，学校の建設と就学について奨励した。

和洋折衷な擬洋風建築

　現在，甲府市藤村記念館と呼ばれているが，文化財の指定名称は「旧睦沢学校校舎」である。もとは明治8（1875）年に巨摩郡睦沢村亀沢（現在の甲斐市亀沢）に校舎として建設されたものである。

　藤村が学校・官庁などに奨励した建築様式で，「擬洋風建築」（山梨県内では「藤村式建築」とも）と呼ばれる。木造2階建て，宝形造り・瓦葺き屋根の中央に塔屋が乗る。建物正面には円柱を配し，窓枠をアーチ形の枠で飾り，車寄せとベランダを設けるというデザインが西欧風を演

(上)1階交流ガイダンス，(下)2階当時の教室の復元

出している。

　しかし，子細に観察すると，漆喰壁に瓦屋根という伝統的な和風建築がベースとなっていることに気づく。設計は，江戸時代の甲府盆地で神社仏閣の建築を請け負った巨摩郡下山村(現身延町)を中心に居住した大工集団である「下山大工」の棟梁松木輝殷である。松木は，横浜の外国人居留地へ出向き，西欧建築の意匠やデザインを研究し，大工棟梁とし

て明治期の学校の建築・設計を数多く手がけている。

小学校から公民館そして交流施設へ

睦沢学校の建築は，敷地は村内の船形(ふながた)神社から境内の払下げを受け，さらに建築用材の大半を同村天沢寺(てんたくじ)及び隣の宮本村金桜(かなざくら)神社の伐採木で賄った。

また，村民1戸当たり1カ月の勤労奉仕を募ったため，わずか2500円の寄付金で完成した。同時期に建設された琢美(たくみ)学校が，建築に際し3500円の寄付を要していることから，いかに安く仕上がったかがわかる。

その後，昭和32(1957)年に校舎としての役割を終え，以後，昭和36(1961)年まで公民館として活用された。しかし，老朽化も著しくなり，破却される寸前，昭和41(1966)年に武田神社(甲府市古府中町(こふちゅうまち))の境内に移築・復元された。昭和42(1967)年，国の重要文化財(建造物)として指定を受け，昭和44(1969)年から平成19(2007)年まで郷土資料，歴史資料及び教育資料の展示施設として市民に親しまれてきた。

平成21(2009)年，現在の地に2度目の移築・復元を受け，新たに交流ガイダンス施設として第四の人生を歩み始めた。平成の解体・移築に伴う大修理では，創建当初の様相を復元し，窓枠も黒色に塗り直され，装いも新たに開館している。

Information

問い合わせ先
甲府市役所・甲府市教育部生涯教育振興室文化振興課

所在地 ── 〒400-8585　山梨県甲府市相生2丁目17番1号

TEL:055-237-1161

開館時間　9:00〜17:00

注意事項　詳しいことはお問い合わせください。

静岡県磐田市

見付学校附磐田文庫

　文部省は，明治5（1872）年に，フランスの学校制度にならった統一的な学制を公布した。国民皆学教育を目指した画一的な制度であった。学校建設の費用は地元町村が負担したので，明治時代初期の小学校の多くは，寺子屋や私塾などを起源としていることが多い。東海道見付宿淡海国玉神社（遠江国総社）神官（以下総社神官とする）の大久保忠尚は，賀茂真淵に代表される遠州国学を学び，境内に磐田文庫を設け，門下生を集めて和漢の書を講じた。

　学制によって，遠州・浜松県は第2大学区に属し，見付は第2大学区の「第12番中学区第1番小学」，あるいは浜松県の「第2中学区第1番小学」とされた。明治8（1875）年，淡海国玉神社より境内地の寄付を受け，磐田文庫に隣接する場所に見付町民の寄付を集めて小学校を建設した。校舎の石垣は，横須賀城の石垣の石を利用した。建設当初は，塔屋2層付きの木造洋風2階建て校舎で，学級増により3階部分を増築した。日本で最も古い小学校の一つであり，国の史跡に指定されている。

国指定史跡

旧見付学校附磐田文庫	静岡県磐田市見付2452

大久保忠尚と磐田文庫

　江戸時代末期，遠江は全国でも屈指の国学が盛んな地域であった。総社神官の大久保忠尚は自宅を開放し私塾を開き，読書の道を説いた。門生は盛期で200人を超えたという。

　忠尚は自身の100両と有志の100両を合わせ，和漢書の蒐集とともに，磐田文庫の創設を計画した。時に，元治元（1864）年，「縦二間一尺，横三間一尺，井楼組二階造り」で，場所は総社の境内地であった。国学者八木美穂に勤皇の精神を学んでいた忠尚は，のちに遠州報国隊を結成する。

明治8年落成時の見付学校

桜の花も美しい旧見付学校

見付学校開校

　明治5年,「学制」発布。フランスの教育制度を規範としたこの学制は, 理想と現実が大きくかけ離れ, 翌6(1873)年, 政府は『小學区画章程(しょうていしょうがくくかく)』という地域の実情に応じた施行規則を公布した。

　この時期, 見付学校はすでに宣光寺, 省光寺などを仮校舎として開校

見付学校附磐田文庫

していたが、この規則により、「第一番小学校」に位置づけられ、町民の間には仮校舎ではなく、斬新且つ文明開化の気風にあった西洋的近代建築を建てようとの機運が、すぐ表出したのである。

見付学校用地と建設資金

新校舎建設には、用地と資金が必要である。この頃、総社神官は忠尚親子が遠州報国隊の功績により、明治新政府に出仕していたため、娘婿の忠利が継いでいた。忠利は、この新校舎建設にあたり、忠尚の指示を受け、総社境内南側に校舎を新築して寄付したのである。

一方、明治7(1874)年から寄付金の積立が始まった。町内84世帯で10年間に3470円の資金積立をすることが約され、個人では上は225円、下は8円までの寄付があったことが当時の文書から窺える。忠尚門下では見付区長兼学区取締役古澤脩を始め、多くの有志により事業は推進された。ここに見付町民の意欲と、忠尚が町民に伝えた精神をみることができるのである。

見付学校建設とその後

総社の仕事に赴いていた宮大工に、見付町民は設計・施工を懇願した。これを快く引き受けたのが、のちの9代目伊藤平左衛門である。こうして、明治7年10月着工、翌8年8月7日、基礎石垣の上に、間口12間、奥行5間の洋風木造2階建てに2層楼を重ねた見付学校校舎が落成した。同16(1883)年には3階部分を増築し5階建てとした。数多くの卒業生を輩出したこの学校も大正11(1922)年3月、小学校としての役割を終えた。

3階の農具展示

授業風景

磐田文庫

　その後，高等裁縫女学校などに利用・改変され，昭和27(1952)年からは磐田市立郷土館と名を変え，30年に博物館相当施設，32年に県指定文化財，44年には磐田文庫とともに国指定史跡となった。52年に解体・復元工事を実施し，明治16年の姿に復元した。平成4(1992)年1月に「旧見付学校」に名称を変更し，教育資料館として地域の教育文化を伝承している。それとともに，明治の香りを馥郁と町に漂わせ現在に至っている。

Information

問い合わせ先

磐田市旧見付学校

所在地──〒438-0086　静岡県磐田市見付2452
　　　TEL・FAX：0538-32-4511
　　　E-mail：iwata-mitsuke@uv.tnc.ne.jp

休館日　月曜日・祝日の場合は火曜日

開館時間　9：00〜16：30
　　　※休館日の場合のご連絡は磐田市教育
　　　　員会文化財課までご連絡ください。
　　　TEL：0538-32-9699

注意事項　教室に入れる生徒数が約30名のため，大勢での見学は班に分かれて見学して下さい。
館内見学と隣接する磐田文庫の見学時間は，約60〜90分あれば一巡できます。

福島県郡山市

福島県尋常中学校(旧制安積中学校)

　明治時代の初め、郡山町(現、郡山市)の有力商人たちが開成社をつくり、安積の開拓を始めた。明治11(1878)年から政府の士族授産政策と結びついて、猪苗代湖の水を運ぶ安積疏水の開削などが国の事業として進められ、現在の郡山発展の基礎をつくった。福島県は、いわき市を中心とする浜通り地方、郡山市・福島市の中通り地方、会津地方に分かれる。浜通りと会津を結ぶ交通の要衝が、ここ郡山である。

　明治17(1884)年、福島市の福島師範学校内に、県内初の中学校である福島中学校が開校された。明治22(1889)年に、福島中学校は安積郡桑野村(現、郡山市開成)に移転した。桑野村が学校用地を寄付し、学校建設のために労働提供をするなど地域の協力があって、福島県尋常中学校本館が完成した。所在地の地名が開成であることは、開成社の開墾に由来する。また安積高校同窓会の名称が「桑野会」であることは、この地と密接に結びついて、県内の有力者をはじめ数々の著名人を輩出してきた安積高校の歴史を物語る。

国指定重要文化財

安積歴史博物館(旧福島県尋常中学校本館)

福島県郡山市開成5丁目25-63

安積歴史博物館

明治・大正・昭和期を象徴する安積健児の像　当時の復元教室
(卒業生佐藤静司作)

安積という地名

　安積山　影さえ見ゆる山の井の　浅き心を思わなくに

　『万葉集』の歌の母といわれたこの歌の木簡(もっかん)が、平成19(2007)年に滋賀県甲賀市の遺跡から大阪市立大教授 栄原永遠男(さかえはらとわお)により発見され、一躍脚光をあびた。この歌の安積山は、郡山市を見下ろすように西方に位置する額取山(ひたいとり)(1009m)をさす。元来、安積とは現在の郡山市一帯を含む平野部をさす、広範な地名である。

尋常中学校本館から安積歴史博物館へ

　福島県立安積高校は、明治17年9月11日に福島師範学校内に福島中学校として、福島県で最初の中学校として開設された。

　その5年後の明治22年4月に、旧制福島県尋常中学校の校舎として現在の場所に移転・落成、授業を開始した。当時、一帯を桑野村といい、寒村のなかにあってこの威容、『桑野御殿』といわれた。この建物は平成22(2010)年で満125歳になるのである。

　この明治洋風建築の価値を見出した人は、草野和夫(当時、県立郡山工業高校教諭)であった。当時の津口信男校長に保存を呼びかけた。津口は昭和36(1961)年に福島県文化財を申請した。昭和48(1973)年3月、福島県文化財指定となるまで、ほぼ旧状を踏襲して福島県立安積高校校舎として使用した。新校舎落成とともに、校舎は移転。

福島県尋常中学校(旧制安積中学校)

講堂　　　　　　　　　　　　　　　　南側からの全景

　そして旧本館は県重要文化財となり，旧制安積中，安積高校の校舎として約2万名の卒業生を輩出し，84年間の校舎としての役割を終えた。
　昭和52(1977)年6月，国の重要文化財に指定。翌年，文化庁の指導により半解体修理工事に着手，明治時代に建築された当初の姿に復元して，昭和55(1980)年9月に解体事業一切を終了した。
　昭和59(1984)年9月，安積高校創立百周年記念式典を挙行し，旧福島県尋常中学校本館を安積歴史博物館と呼称することとなった。

講堂のシャンデリア　　　　　　　　　中階段

旧制安積中学,県立安積高校の卒業生

選抜高校野球平成13(2001)年新設の21世紀枠の最初の高校として第73回大会に甲子園出場した。

同時に116年の男子校の幕を閉じ,男女共学校になった。平成22(2010)年までの125年間に延べ3万3500人が卒業した。

主な卒業生は新城新蔵(しんじょうしんぞう)(宇宙物理学者京都大学総長),高山樗牛(たかやまちょぎゅう)(作家),朝河貫一(あさかわかんいち)(歴史学者エール大学教授),久米正雄(作家),中山義秀(作家),佐藤静司(彫刻家),湯浅譲二(作曲家),玄侑宗久(げんゆうそうきゅう)(作家)らがいる。

安積歴史博物館の運営

安積高校の卒業生を主体とした財団法人として運営されている。木造洋風建築として評価され見学者が訪れるほか,安積開拓事業,戦前からの中学校教育資料などを展示している。最近はギャラリー,ホールとしても利用されている。

正面バルコニー

Information

問い合わせ先
財団法人安積歴史博物館

所在地 〒963-8851 福島県郡山市開成5-26-63

TEL:024-938-0778

開館時間 10:00〜17:00

注意事項 東日本大震災で被害を受けたためただ今復興中ですので,しばらくお待ちください。

北海道函館市

遺愛学院

　北海道の函館は，幕末期の安政元(1854)年に結ばれた日米和親条約によって，下田とともに最初に開かれた開港地である。北海道の近代化は，港町函館から始まったものが多い。アメリカのメソジスト派伝道教会の宣教師ハリスと妻フローラが，明治7(1874)年に遺愛学院設立のきっかけをつくった。

　明治15(1882)年に，元町にある現在の遺愛幼稚園所在地に，愛娘を失ったライト夫人の献金を受け，「カロライン・ライト・メモリアル・スクール」が開設された。文部省認可の関東以北で最初の女学校である。明治18(1885)年には，遺愛学院と改称した。明治41(1908)に現在地に移転し，新校舎を建設した。国指定重要文化財の旧宣教師館(通称ホワイトハウス)は，アメリカ風の広間型住宅で，調度品などの保存状態もよい。昭和10(1935)年に完成した講堂は，滋賀県近江八幡に本拠を置く近江兄弟社のヴォーリズの設計である。ヴォーリズの設計した建物は，中国や朝鮮半島にも及んで，1500件余りあるという。

国指定重要文化財・国登録有形文化財

| 遺愛女子高等学校本館・講堂，旧遺愛女学校宣教師館 | 函館市杉並町23番11号 |

明治の学び舎

　遺愛学院の歴史は古く，明治7年にアメリカのメソジスト派の宣教師

満開の桜も美しい遺愛学院の正面玄関

遺愛学院旧宣教師館

ハリスによって函館にその礎が開かれた。

　ハリスは，札幌農学校のクラーク博士が帰国する際，札幌の自分の教え子に洗礼を授けてくれるよう依頼を受け，内村鑑三・新渡戸稲造・北大初代総長佐藤昌介らに洗礼を授けたことでも知られる。

　現在の本館は，主にアメリカメソジスト派の募金により，明治41年1月に完成したものである。長らく設計者は不明であったが，立教学校初代校長でミッションアーキテクチャーとして知られるアメリカ人建築家J＝M＝ガーディナーであることが近年になって判明した。

　第二次世界大戦末期に，一時，日本軍に接収された時期を除けば，1日も欠かさず今日まで女子教育のために使われてきた。今なお，現役の校舎である。平成16（2004）年12月に国の重要文化財に指定されている。

北国のヴォーリズ

　本館に渡り廊下でつながる遺愛学院講堂は，昭和10年に完成した。北海道では数少ないヴォーリズの設計である。平成14（2002）年6月に国の登録有形文化財として登録された。

　現在も毎日の礼拝に使用されている。外観や内部はいたって簡素で，背板が波打つヴォーリズ設計のベンチと相まって落ち着いた空間を形づくっている。

　最近のものではあるが，パイプオルガンとスタインウェイ製のピアノがしつらえられており，コンサート会場として外部への貸出しも行なっており，市民にも慕われている。また，同じキャンパス内には，洋館に

薄いピンク色を基調とした講堂　　　　旧宣教師館の内部

和館を併設した明治41年築の旧遺愛女学校宣教師館があり，これも平成13(2001)年6月に国の重要文化財に指定されている。学院全体として，明治後期から昭和初期の学校建造物がよく保存されているといえる。

受け継がれる愛の形見

　キャンパスには非常に多くの同窓生が訪れ，時に卒業後60〜70年を経た同窓生が子や孫を伴い，当時とさして変わらない母校を喜んでくれる。いつまでも変わらない母校の校舎があるということは，同窓生にとってはとてもうれしいことのようで，校舎を通して同窓会のきずなも強い。

　現役の中学生・高校生にアンケートを行なったところ，本館を取り壊し，近代的なビルに建て替えた方がよいとの答えは全体の2％であった。

　近年の特徴として，中学生・高校生も学院の誇りとして，古い校舎を想う傾向が強くなってきたように思われる。高校2年・3年生になると本館で授業を受けたいと考える生徒が増加している。

本館

講堂内部

建物は築100年を超えると、新たな価値が出てくるような気がする。

遺愛学院の意思として、今後も旧宣教師館・遺愛学院本館・講堂を現役のまま使用し、維持・管理していくつもりである。むしろ、朽ち果てるまで生徒が廊下を走り回り、毎朝の礼拝を行ない、本来、建てられた目的のままで、今後も利活用するのが建物にとってはいちばんよいことだろうと思われる。

Information

問い合わせ先
学校法人 遺愛学院 遺愛女子中学・高等学校

所在地 〒040-8543 北海道函館市杉並町23-11

TEL:0138-51-0418
FAX:0138-51-7150
E-mai:iaigirls@iaijoshi-h.ed.jp

受付時間 9:00〜17:00

注意事項 見学希望者は正門守衛室にお申し込みください。なお、大型バスでの来校はできません。

遺愛学院

東京都豊島区

自由学園明日館

　現在，愛知県犬山市にある「明治村」に移築されている帝国ホテルを設計したフランク＝ロイド＝ライトが，唯一，日本に遺した学校建築物が自由学園明日館である。ライトは，明治26(1893)年に開催されたシカゴ万博に展示された日本館のパビリオン鳳凰殿で初めて日本建築に触れ，これをきっかけに日本文化に興味を持ち，初来日の時には，多くの浮世絵を収集した。ライトは建築家のほか，浮世絵コレクターとしても著名である。日本では大正期にアメリカ大使館や帝国ホテルのほか，後藤新平の個人邸も設計している。

　大正10(1921)年に羽仁もと子・吉一夫妻が，大正自由教育の風が吹くなか，高等女学校令によらない自由学園を創立した。キリスト教に基づいて「実生活」を重視し，校名の「自由」は「キリストとともにある自由，人間最高の賜物であり尊厳である自由」を表している。自由学園は，昭和9(1934)年，現在の東久留米市に移転したが，そこでの校舎群はライトに師事した遠藤新が設計している。

国指定重要文化財

| 自由学園明日館 | 東京都豊島区西池袋2-31-3 |

フランク＝ロイド＝ライトの学校建築

　自由学園は，羽仁もと子・吉一夫妻により，大正10年に文部省令によ

明日館外観（2001年保存修理工事完成）

らない独自のカリキュラムを持つ女学校として設立された。校舎建設にあたり、夫妻が通っていた富士見町教会（現、千代田区富士見町）の友人である建築家の遠藤新を介して、

講堂を利用したコンサート

当時、帝国ホテル設計のために来日していたフランク゠ロイド゠ライトに校舎の設計を依頼した。羽仁夫妻の教育方針を聞いてライトは深く共感し、また叔母が運営していたヒルサイド・ホームスクールを思い出し、非常に多忙な時期であったにもかかわらず、その設計を快諾した。

軒高を低く抑えて水平線を強調した立面、幾何学的な建具の装飾は、「プレーリーハウス（草原住宅）」と呼ばれる一連のライト作品の意匠を象徴している。日本に残るライト建築の特徴である大谷石が多用され、建物の基本構造が現在の2×4工法の先駆けといわれるなど、他の日本建築にはみられない、ライトの作風を示す典型的な建築である。

明日館と命名され、文化財に

女学校として開校したが、6年後の昭和2（1927）年に初等部（小学校）

創立間もない頃の昼食の様子

自由学園明日館

ライト帰国時に行なった送別会の記念写真

が設立され、さらに男子部の構想もあり、昭和9年、郊外に広い土地を求めて北多摩郡久留米村（現、東久留米市）に移転した。その後、羽仁夫妻が自由学園と日本の教育の明日を託して命名した「明日館」は、卒業生の活動（工芸・料理・製菓・共同購入）の拠点として使われてきた。幸いにも関東大震災や太平洋戦争の被害を免れ、戦後は自由学園生活学校の校舎としても使われた。

　しかし、昭和40年代半ばになると、雨漏りや壁の剥落などの老朽化が進み、使用することも危険な状況になる。その頃から、自由学園自身もこの学園創立時の記念すべき校舎をどうするか検討を始めたが、保存に向けては経済的な理由、現有資産の効率的活用などの観点から、なかなか結論は出なかった。

　さらに、卒業生のグループ、建築家のグループと保存運動も盛んになるなかで、自由学園は文化財指定を受け、現地で保存し、さらに建物を残す以上は文化財であってもそれを使いながら保存する、という方針を決定し、平成9（1997）年5月に国の重要文化財の指定を受けた。

使いながら保存する文化財の先駆けとして

　その後、約3年間をかけて保存・修理工事を行ない、平成13（2001）年

創立10周年の記念に当時の生徒が描いたホール壁画 　　樹齢約60年の桜のもとで行なう夜桜見学会

84　東京都豊島区

に明日館はよみがえる。

　現在では，見学はもちろん，使いながら保存する(動態保存)の先駆けとして，結婚式・コンサート・発表会・講演会・展示会など，多くの人に利用され，自由学園の公開講座も教室を使って行なわれている。また，その収益金がこの建物の維持・管理・保存してゆくために使われている。

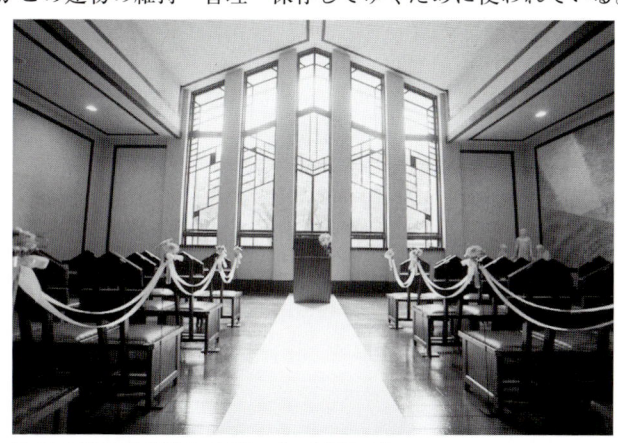

ライトの幾何学的デザインの美しいホール正面の窓

Information

問い合わせ先

自由学園明日館

所在地──〒171-0021　東京都豊島区西池袋2-31-3

　　TEL:03-3971-7535　http://wwww.jiyu.jp

見学料　喫茶つき見学600円，
　　　　　見学のみ400円
　　　　　ただし中学生以下は無料

開館時間　10時〜16時
　　　　　（入館は15時30分まで）

休館日　毎週月曜日（祝日の場合は翌日）
　　　　　年末年始

注意事項　休日は結婚式のため外観のみ見学の場合が多く，また利用状況により見学ができない場合もありますのでお電話などでご確認下さい。

自由学園明日館　　85

津山中学校

岡山県津山市

　岡山県は旧国名でいうと，瀬戸内海に沿った備前国，備中国と北部の美作国の3つの国からなる。美作国の中心である津山は城下町として，県北部の政治・経済の中核として発展した。また，津山は幕末から明治期にかけて，宇田川玄随・箕作阮甫らの蘭法医・洋学者や，明六社を結成した津田真道・箕作麟祥らの啓蒙思想家を輩出した地でもある。現在の岡山県立津山高等学校は，明治28(1895)年に岡山県内で2番目の県立中学校として発足した岡山県津山尋常中学校と，明治36(1903)年に発足した津山高等女学校を前身としている。

　旧制中学校は，「中等以上ノ社会ノ男子」に「高等普通教育」を施し，旧制の高等学校及び大学などへの進学を主目的とするもので，中学校への入学者は同年齢層の5〜6％であり，地域の俊秀が集まった。津山中学校本館は，明治33(1900)年に竣工した明治期の木造洋風建築を代表するものである。本館の裏手には，十六夜山と呼ばれる美作地方最大級の前方後円墳も控えている。

国指定重要文化財

岡山県立津山高等学校（旧岡山県津山中学校）本館

岡山県津山市椿高下

（城下の町並みに彩りを添える洋風建築）

　岡山県北部にある津山市は，江戸時代に森家(18万6500石)，松平家(10万石)の城下町として発展した。

　津山城の北西に立地する県立津山高等学校の敷地も，江戸時代には武家屋敷が建ち並んでいた場所である。津山はまた，宇田川玄随・箕作阮甫らの著名な洋学者を輩出するなど，江戸時代から洋学が盛んで，早くから西洋文化の息吹を感じていた土地でもある。

　津山高等学校は，明治28年9月に開校した岡山県津山尋常中学校に始まる。その後，同32(1899)年に岡山県津山中学校と改称し，翌年8月には現存する本館などの主要な建物が竣工した。

岡山県立津山高等学校(旧岡山県津山中学校)本館の正面

　本館の設計は、文部省会計課建築掛と推定され、当時、最新の洋風意匠によって設計され、古くからの城下町に全く新しい姿の建造物が姿をみせたのである。

　竣工後は、昭和23(1948)年に県立津山高等学校、同24(1949)年には県立津山成美高等学校、同28(1953)年、再び県立津山高等学校と改称され、現在に至っている。

端正で豪奢な洋風意匠

　津山高等学校本館は、中央主体部から両側及び背面に翼部を伸ばした平面構成をとる。木造2階建てで、桟瓦葺き・寄棟造りの屋根とし、左右両翼の屋根の前後4カ所に三角ペディメント様の妻面をみせた採光窓を開け、鉄製の棟飾をのせる。

　また主体部の屋根中央には、避雷針がそびえる塔屋と、その前にバージボードで飾った

格天井の残る廊下(もとは講堂)

津山中学校

豪奢で端正な洋風意匠の採光窓，軒下，窓

階段

時計台をのせている。壁面は下見板張りで，窓下のみ竪羽目板張りとし，窓飾をつけた上げ下げ式の窓を整然と並べている。

軒は軒蛇腹を持送りで支え，1，2階境にはデンティルを入れた胴蛇腹をめぐらす。正面中央の玄関ポーチも，装飾支柱や蛇腹・デンティルを持つ。外観はルネサンス様式をモデルとし，とくに軒下，窓などに見事な意匠が施されている。

内部は，後年の改修があるものの，一部の天井・階段・建具枠などに建築当初の姿が残り，その意匠と技術は高く評価される。このように，津山高等学校本館は，平面・意匠とも洋風学校建築として優れており，平成7(1995)年12月に国の重要文化財に指定された。

窓の洋風意匠

資料館としての再生，そして未来へ

岡山県北の伝統校として数多くの卒業生を送り出してきたこの建物も，平成10(1998)年の新校舎の完成により，学校教育施設としての役割

本館内部(一部は資料の展示室に利用されている)

を終えた。現在は前身校の資料などを展示し、伝統校の歴史を伝える資料館や部活動の場などとして活用されている。

　西洋文化を早くから取り入れたこの街に建つ豪奢な洋風建築は、新しい役割を与えられ、今後も校舎を巣立つ若者たちを見守っていくに違いない。

Information

問い合わせ先

岡山県立津山高等学校

所在地　〒708-0051　岡山県津山市椿高下62

TEL:0868-22-2204
FAX:0868-22-3397
http://www.tuyama.okayama-c.ed.jp/index.html

注意事項　学校内にある施設であり、授業や部活動に使用しているため、原則として内部の公開はしていません。見学については、学校事務所までお問い合わせください。

津山中学校　89

香川県丸亀市

丸亀中学校

　文部省は，明治5（1872）年にフランスにならった学制を公布したが，画一的な制度は無理があったので，明治12（1879）年に就学義務を緩和するアメリカ式の教育令に改めた。初等教育については，学制・教育令で制度化されていったが，大学までをつなぐ中等教育については未整備の部分が多かった。明治19（1886）年に学校令が公布され，小学校・中学校・師範学校・帝国大学などの学校体系が整備され，各地に中学校が設置されるようになった。

　香川県丸亀市は，香川県中西部の中心都市である。江戸時代は京極氏5万石の城下町であった。香川県の中学校は，県庁所在地の高松と，ここ丸亀に同じ明治26（1893）年に設置された。高松尋常中学校の本校と丸亀分校である。旧制中学校は，「中等以上ノ社会ノ男子」に「高等普通教育」を施し，旧制の高等学校及び大学などへの進学を主目的とするもので，中学校への入学は経済的にも学力の面でも厳しく，同年齢層の約5～6％しか進学できなかった。

国登録有形文化財

丸亀高校記念館（旧香川県立高松尋常中学校丸亀分校本館）

香川県丸亀市
6番丁1番地

丸亀高校記念館外観　明治中期の学校建築技術水準の高さを示す

建設当初の様子

本館建設から記念館へ　119年の歩み

　日本一の高さを誇る美しい石垣に囲まれた丸亀城の眼下を望むと，城下町には何とも似つかわしくないモダンな建物が目につく。丸亀高校記念館である。

　現在，香川県立丸亀高等学校の敷地にある丸亀高校記念館は，明治26(1893)年に香川県立高松尋常中学校丸亀分校本館として建設されたものである。

　開校は，明治26年4月，その後，明治31(1898)年には独立して香川県丸亀尋常中学校に，また翌年には香川県丸亀中学校と改称された。さらに，昭和23(1948)年の学制改正による6・3・3・4制度の発足に伴い，香川県立丸亀高等学校に改称された。

　建築にあたっては，旧藩主京極高徳氏らから土地の提供や寄付を受け，城を見上げる外郭内の南西部，武家屋敷があった場所が選定された。

　当初，丸亀高校正門の正面に位置していた建物は，その後，現在の校舎建築時に敷地西部の現在地に移転され，昭和53(1978)年の解体修理を経て，現在は丸亀高校記念館として利用されている。2階の記念図書館には，画家の猪熊弦一郎や歌人の中河与一らの作品などが展示されている。

　時代的特徴と建築物の性格的特徴をよく示す擬洋風建築として，平成8(1996)年には，国登録有形文化財に香川県第一号として登録された。

丸亀高校記念館の全景

随所にみられる和洋折衷建築様式

　本館は，木造2階建て，延床面積693.67m²，屋根は瓦葺き・入母屋造りである。基礎は御影石積み，外壁は下見板張り，入母屋破風の大屋根が印象的な，明治期を代表する学校建築である。

　外部は，大屋根の入母屋破風をペディメントに見立て，中央に配される円形の換気口が印象的である。1階正面には，バルコニーつき玄関ポーチが突き出している。また，2階の窓にはペディメントが施され，洋装を際立たせている。内部の配置は，1階の職員室・校長室，2階の講堂からなる。

　天井は和風竿縁天井，壁面は白漆喰塗りとするなど，和風建築の手法

モダンかつ格式漂う一室 　　　　　バルコニー付玄関ポーチ

洋風デザインの階段手摺り

が用いられているが，2階に上がる階段の手摺り子や上下窓の内飾り，5個のシャンデリアの周囲に施される円形の漆喰模様などに，洋風建築の手法がみられる。

とくに，小屋組みは洋風建築の手法であるキングポストトラスを用い，2階の講堂内に柱を立てずに広い空間をとる工夫がなされている。

擬洋風建築末期の特徴である下見板張りと，擬洋風建築の一つの流れである林忠恕（はやしただひろ）にはじまるペディメントと列柱を用いる官公庁系統の特徴を併せ持っており，擬洋風建築のなかでもとくに名建築といえるものである。

建設当時は，とても珍しい建物ということもあり，県内各地から弁当持参で見学者が訪れたという。

Information

問い合わせ先
香川県立丸亀高等学校

所在地 〒763-8512　香川県丸亀市6番丁1番地

TEL：0877-23-5248
FAX：0877-23-6013
http://www.kagawa-edu.jp/marukh01/

注意事項 見学は丸亀高校記念館担当者までご連絡ください。（電話は，上記県立丸亀高校事務室へ）

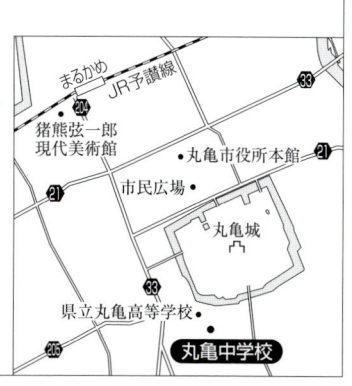

滋賀県近江八幡市

近江兄弟社学園

　ウィリアム＝メレル＝ヴォーリズは，明治38(1905)年に滋賀県立八幡商業学校の英語教師として来日した。放課後，自宅で聖書講読を行ない，多くの学生を感化したことによって教職を追われた。明治43(1910)年，ヴォーリズは近江八幡にヴォーリズ合名会社(のちに建築事務所と近江セールズ会社に再編)を設立した。ヴォーリズの活動は「近江ミッション」(のちに近江兄弟社と改称)と呼ばれ，建築設計や輸入販売，製薬事業などの経済活動で，キリスト教伝道活動を支えた。

　ヴォーリズ建築事務所によって，近江八幡市内には近江兄弟社学園，近江サナトリウム，旧八幡郵便局などの公共建築のほか，洋風住宅や町並みに融和した和洋折衷住宅が建てられた。ヴォーリズの設計思想は「建物の風格は人間の人格と同じく，その外観よりむしろ内容」にある。このハイド記念館は，昭和6(1931)年につくられた。近江兄弟社学園の出発点となった旧清友幼稚園で，赤瓦とクリーム色のモルタルスタッコ壁の木造2階建ての建物である。

国登録有形文化財

| 近江兄弟社学園ハイド記念館 | 滋賀県近江八幡市市井177 |

ハイド記念館はヴォーリズ建築

　ここ数年，脚光をあび，注目されているヴォーリズ建築であるが，ハ

ハイド記念館の正面

保育室

イド記念館は昭和6年に建てられた旧幼稚園舎である。現在も近江兄弟社学園の敷地の南西の一角にあり、ヴォーリズ建築の特徴が随所にみられる。

ヴォーリズさんは建築家

　ウィリアム゠メレル゠ヴォーリズは、キリスト教を伝える志を持って明治38年に、現在の近江八幡にやってきた。

　当初は、八幡商業学校(現、県立八幡商業高校)の英語教師として来日したが、放課後に行なったバイブルクラスに多くの生徒が参加したことで地域の人たちの反感を買い、わずか2年で英語教師の職を解かれた。

　しかし、キリスト教を伝える思いは強く、八幡の地に留まったヴォーリズは、はからずも青年時代のもう一つの夢である建築家になることができた。

玄関ホール①

玄関ホール②

近江兄弟社学園

教育会館内部

ライトアップされた記念館と教育会館

　そればかりか，ヴォーリズは医療事業や伝道のための事業も，多くの協力者を得て，始めることができた。最大の協力者は，アメリカのクリスチャン実業家で，メンソレータムの発明者アルバート゠アレクサンダー゠ハイド氏であった。

ハイド記念館の由来

　旧幼稚園舎は，ハイド夫人の寄付によって建てることができた。ハイド夫人は，ヴォーリズ夫人の一柳 満喜子（ひとつやなぎ まきこ）の幼児教育にかける熱い想いを直接に聞く機会があり，寄付を申しでた。

　昭和6年より80年近く，幼稚園だけでなく近江兄弟社学園の教育全体に果たした役割は多大である。平成12（2000）年に，国登録有形文化財に登録された。

　現在は，吹奏楽部の高校生が練習に使う一方で，多くのヴォーリズファンや建築家の方々に公開している。

近江兄弟社学園

　ウイリアム゠メレル゠ヴォーリズは，昭和16（1941）年に日本に帰化し

中庭からみたハイド記念館と教育会館

て一柳米来留となった。その妻，一柳満喜子は，結婚の翌年にプレイグランド，2年後の大正11(1922)年には清友園幼稚園を開設し，県の認可を受けた。

　一方，近江兄弟社の創立者の一人である吉田悦蔵により，勤労女学校や向上学園が昭和8(1933)年に始められていて，女学校も県の認可を受けた。

　戦後の学制改革を受けて，女学校は中学校と高等学校に再編し，小学校を新設し，近江兄弟社学園とした。

学園のシンボルツリー（メタセコイヤ）

Information

問い合わせ先

近江兄弟社学園本部

所在地　〒523-0851　滋賀県近江八幡市井町177

TEL：0748-32-3444
FAX：0748-32-3974

開館時間　不定休

入館料　学生無料，一般200円（団体割引き有り）

注意事項　詳しいことはお問い合わせください。

近江兄弟社学園

青森県弘前市

東奥義塾外人教師館

　県庁所在地以外の都市に国立大学の本部があるのは、長野県の信州大学と青森県の弘前大学だけである。青森県の文化の中心は津軽家の城下町であった弘前市であり、県庁のある青森市は明治期以降の新興の港町で、政治・経済の中心になる。

　江戸時代に各地の大名が設置した藩校の多くは、明治期半ばには県立の中学校の母体になることが多かった。しかし、津軽藩の藩校稽古館は、早くも明治5(1872)年に、のちに初代弘前市長や代議士を務めた菊地九郎らによって創立された私立学校東奥義塾の母体になった。弘前の町が、いち早く教育に取り組んだ表れといえよう。新時代を担う人材育成のために英学主体の教育を実施し、メソジスト派宣教師ジョン＝イングをはじめ、同派の宣教師が教師としてつぎつぎに着任した。現在の建物は、明治34(1901)年に前年に焼失した外人教師館に代わって再建されたものである。東奥義塾本体は弘前市南郊に移転したが、建物はそのまま残され、東奥義塾から弘前市に寄贈された。

県重宝

| 東奥義塾外人教師館 | 弘前市下白銀町2-1 |

旧東奥義塾外人教師館外観

主寝室　窓を多くもうけた堅牢な造り。 　　　　アンティークな家具が揃う書斎

藩校「稽古館」から私塾「東奥義塾」へ

　寛政8(1796)年，津軽藩9代藩主津軽寧親は，藩学校を「稽古館」と命名し，開校した。しかし，明治4(1871)年の廃藩置県により，稽古館は消滅を余儀なくされた。

　翌年，私学としての再建計画がなされ，慶應義塾を規範とする，青森県内初の私学校「東奥義塾」が開校した。実学を重視し，文明開化を学ぶために，外国人教師の招聘が行なわれた。その外国人教師の住居にあてたのが，この「東奥義塾外人教師館」である。

子ども部屋

　明治23(1890)年，最初の外人教師館が弘前市の棟梁堀江佐吉の設計・施工により建設されるが，9年後に不慮の火災により焼失した。再建され，明治34年に建てられたものが，現存の旧東奥義塾外人教師館である。

　木造2階建て，レンガ積みの基礎や煙突，ペンキ塗

資料室

東奥義塾外人教師館

2階書斎　往時の生活の様子を再現。

りの下見板、ベイウィンドウ（張り出し窓）などに特徴がある。注目すべきは、この外人教師館は洋風建築でありながら、引き戸の扉や押入れ、和室（非公開）が設けられている点である。弘前市内の明治・大正時代に建てられた洋館は、「和」の様式が多く取り入れられているのが特徴で、畳敷きや襖がある礼拝堂を持つ教会も現存している。

　昭和63（1988）年、東奥義塾より弘前市に寄贈され、修復を経て、現在は一般公開されている。平成5（1993）年、県重宝に指定された。

棟梁　堀江佐吉

　青森県が誇る明治時代の名棟梁は、堀江佐吉である。代々津軽藩に仕える城大工の家に生まれた佐吉は、北海道開拓工事に参加した際、異国のような函館の西洋建築に感嘆した。独学で研究を重ね、帰郷後、数々の学校や宣教師館・軍施設などの洋風建築の設計・施工を手掛けた。初めに建設された外人教師館も佐吉が手掛けている。

　弘前市が城下町でありながら、洋館が多く現存する理由も、この堀江佐吉の存在が大きい。

　佐吉は、弘前市の「青森銀行記念館」や陸軍第8師団の厚生施設「旧偕行社」などの国の重要文化財をはじめ、五所川原市の太宰治生家「斜陽館」などの傑作を今に残している。

弘前リンゴと教師ジョン＝イング

　リンゴ生産で知られる青森県であるが、そのなかでも、全国の約2割の生産量を占める、日本一のリンゴの町がこの弘前市である。そして、

資料室 歴代外人教師の写真や資料を展示。

そのリンゴの歴史を語る上で不可欠なのが、東奥義塾3代目外国人教師で、アメリカイリノイ州出身のジョン＝イングである。イングは、明治7(1874)年から11年まで赴任、在住している。

明治7年のクリスマスに、イングは塾生たちや信者にリンゴを振る舞ったのだが、この時初めて、青森県内に西洋リンゴが紹介されたといわれている。この時の塾長菊池九郎（のちの初代弘前市長）が自宅の庭にそのリンゴの種を蒔いたことが、青森県のリンゴの育種・繁殖のきっかけともいわれている。

現在、弘前市がリンゴの産地として名高いのは、遠い異国から辺境のこの地に移住し、文化の伝来や布教活動に努めた、東奥義塾の外国人教師の恩恵ともいえる。

Information

問い合わせ先

弘前市立観光館

所在地 〒036-8356 青森県弘前市下白銀町2-1（追手門広場内）

TEL:0172-37-5501

開館時間 9:00～18:00

注意事項 入館料は無料。1階に喫茶室有り、9:30～18:00オープン。

山形県山形市

旧山形師範学校本館

　第二次世界大戦前・戦中において，教員養成を目的とした高等教育機関が師範学校である。明治5(1872)年，国民皆学を目指した学制が公布されると，それに基づいて官立の師範学校が設立され，その後，各県にもつぎつぎと県立師範学校が設置されていった。山形県師範学校もその一つで，県令三島通庸の主導により開校されたのは明治11(1878)年9月のことである。明治19(1886)年には師範学校令が定められ，初等学校の教員養成を専らにする尋常師範学校(のち師範学校と改称)と高等師範学校とに分けられた。以来，山形県師範学校は県下の初等教育に携わる教員養成を担ってきた。現存する旧山形師範学校本館は，明治34(1901)年に移転先で新築されたルネサンス様式の洋風建築で，中央にある塔屋は旧校舎のシンボルであった時計台の名残りである。また，教育資料の展示室とされている当時の教室もみておきたい。

国指定重要文化財

| 旧山形師範学校本館（山形県立博物館教育資料館） | 山形県山形市緑町2-2-8 |

藤沢周平と山形師範

「ゆるやかなのぼりになる三島通りをどんどん東に行くと，いまは山形北高になっている旧師範学校の正面に突きあたり，時計台をのせた正

旧山形師範学校本館外観

昭和初期の教室　　　　　　　　　昭和初期の教育

面玄関が目に入って来る。」(藤沢周平「わが思い出の山形」より)

　時代小説で知られる作家藤沢周平は，山形県鶴岡市の出身である。教職を志して山形師範学校に入学したのは，終戦後間もない昭和21(1946)年5月のことだった。藤沢周平は，多感な青春時代の3年間をこの学び舎で過ごした。

　随筆のなかで作家が記しているとおり，旧山形師範学校本館のシンボルとなっているのが，時計台(塔屋)である。ルネサンス様式を基調とした木造2階建ての洋風建築で，塔屋を中心とした左右対称形の優美な姿が印象的である。

学校建築の貴重な遺構

　山形師範学校は，明治11年に開校した。現在に残る師範学校の建物は，明治34年に移転・新築されたものである。

　建物は，明治期を代表する学校建築の一つである。正面中央に玄関ポーチ(車寄せ)をつけ，中央の屋根は櫛形，両端には切妻形の飾り破風をみせる。

　火災に強くするため，外壁は下地に竪瓦を張ったモルタル塗りである。内部の天井や床を斜めの板張りにしているのも，ほかにはない特徴である。みた目に美しいだけではなく，筋交いの効果を持ち，躯体構造の強

旧山形師範学校本館

寺子屋の手習い風景

化にも役立っている。明治時代の木造建築としては、耐火・耐震性能にすぐれた建物であり、建築技術史的観点からも貴重な遺構とされている。

校舎の歩み

戦後の学校制度改革により、山形師範学校は昭和24(1949)年に山形大学教育学部に移行した。学部の移転後、昭和38(1963)年からは県立山形北高等学校の校舎として使用された。

その後、校舎改築にともない、本館正面部分以外は解体された。昭和48(1973)年、本館が国の重要文化財に指定されたのち、2年の歳月をかけて遺存部分の半解体修理が行なわれた。建物の保存とともに活用がはかられ、昭和55(1980)年、「山形県立博物館教育資料館」として開館した。

教育資料館として

教育資料館は、山形県の教育の歴史に関する資料を収集・展示するこ

天井と廊下

明治から大正へ　　　　　　　　　　戦時下の教育

とを目的として設立された。県立の教育博物館(資料館)としては，全国でも数少ない施設である。

　かつての教室を利用した展示場は7室あり，展示は江戸時代の寺子屋・藩校から現代の教育まで，時代順に構成されている。たとえば，寺子屋の展示では，ジオラマを使って立体的に当時の教場風景を再現している。豊富に展示されている教科書の変遷をみるだけでも，教育の歴史や時代背景が概観できる。

　来館者は，県内だけではなく全国からも訪れる。近年は，藤沢文学ファンにも注目されるようになった。また，日本の教育システムを歴史的かつ体系的に理解できる場として，見学に訪れる海外の視察団などからも好評を得ている。

Information

問い合わせ先
山形県立博物館教育資料館
所在地　〒990-004　山形県山形市緑町2丁目2-8

TEL：023-642-4397
FAX：023-642-4403
http://www.yamagata-museum.jp/

開館時間　9：00～16：30（入館は16：00まで）
注意事項　花笠期間は開館時間を1時間延長します。

旧山形師範学校本館

岩手県盛岡市

岩手大学農業教育資料館(旧盛岡高等農林学校本館)

　明治時代前期，新政府が進める殖産興業政策の一環として，札幌と東京駒場に農学校が設立され，日本における近代的農業教育がスタートしたが，両者はその後大学に併合されていった。一方，食糧増産や農業技術者育成などを目的とする，独立した農学関係の高等教育機関として設立されたのが官立の高等農林学校である。その歴史は，明治35(1902)年に設立された盛岡高等農林学校から始まる。

　盛岡の地が選ばれたのは，東北地方の振興という国策もあってのことと考えられる。そして，翌年に発令された専門学校令が適用されて実業専門学校となった盛岡高等農林学校は，以後，中等教育修了者を対象とした専門教育を展開し，日本の農林・畜産業を牽引する多くの技術者を生み出していった。

　旧本館は，設立当時の姿に修復されたもので，現存する明治期の国立専門学校の貴重な遺構として必見である。また，展示室で公開されている宮沢賢治ら卒業生や教員の資料も一見の価値がある。

国指定重要文化財

岩手大学農業教育資料館(旧盛岡高等農林学校本館)

岩手県盛岡市上田3丁目

東北を農林・畜産業の基地に

　日本の農林業の育成・発展を考えた明治政府は，日本で初めての高等農林学校を，明治35年，東北の中央にあたる盛岡の地に設立した。

旧盛岡高等農林学校本館

第3資料展示室 宮沢賢治の在学時代に使われた教材や、賢治が採取した岩石を展示している。

　広大な山野を擁する東北が、日本の農林・畜産業の基地として重要と考えられたからである。

　以来、盛岡高等農林学校は、寒冷地でたびたび起こる飢饉の克服に始まり、東北だけでなく日本の農林・畜産業全体を担うリーダーの養成を行なってきた。

　大正元(1912)年に竣工した高等農林学校本館は、1階に校長室・事務室・会議室、2階に講堂を持つ明治後期を代表する木造2階建ての欧風建築物で、農林学校の集大成的建物であった。

宮沢賢治は高等農林の教えを実践

　大正4(1915)年に農学科第二部(のちの農芸化学科)に首席で入学した宮沢賢治は、この本館講堂で入学式の宣誓文を読み上げている。成績がよく、級長・特待生・旗手などを務めた。

　また、仏教に関心を持ち、短歌などもよくし、文芸同好会(アザリア会)や校友会での活躍を通し、友人らとの親交を深め、さらに山野を跋渉しては自然との交感も重ね

明治41年製の大時計

岩手大学農業教育資料館(旧盛岡高等農林学校本館)

2階講堂

る学生であった。

　学業では，地質・土壌学などに興味を持ち，その道の権威，関豊太郎教授の指導で，同級生らと「盛岡付近地質調査報告」をまとめるとともに，教授のゼミに参加し，得業論文「腐植質中ノ無機成分ノ植物ニ対スル価値」を残した。

　卒業後，研究生として「岩手県稗貫郡(ひえぬきぐん)地質及土性調査報告書」の作成に参加し，それがのちに地元農学校教師や農業指導実践の場であった羅須地人(らすちじん)協会での肥料設計などを支える基礎となった。

旧校長室

　また師の石灰岩床による酸性土壌改良や，冷害克服にかけた願いも，得業論文や土性調査を通して賢治の願いともなった。

　しかし実践半ばで倒れ，その果たせなかった願いや夢は，作品「グスコーブドリの伝記」や数々の

童話や詩に託された。

(農業教育資料館として)

戦後、昭和24(1949)年、盛岡高等林学校は新制岩手大学の農学部として統合され、本館は大学の本部として使用された。

その後、本部の移転とともに、昭和52(1977)年、同窓生の寄金により改修が行なわれ、農業教育資料館として使用されることになった。

冬の旧盛岡高等農林学校本館　手前は宮沢賢治のモニュメント。

平成6(1994)年には、国の重要文化財に指定され、ほぼ設立当時の状態に大修復が行なわれ、現在に至っている。

この旧本館は、明治期の形を伝える国立専門学校の中心施設として、現存する数少ない遺構の一つである。

展示室には、農学校設立当時の思いを伝える研究論文や教材、特徴的な教員(鈴木梅太郎ら)や卒業生(宮沢賢治ら)の資料が展示されている。概要は、岩手大学のホームページからミュージアム→農業教育資料館でみることができる。

Information

問い合わせ先
岩手大学農学部　学部運営グループ

所在地　〒020-0066　岩手県盛岡市上田3-18-8

TEL:019-621-6103
FAX:019-621-6107
http://news7a1.atm.iwate-u.ac.jp/edu/

開館時間　10:00〜15:00

注意事項　2012年10月頃まで耐震工事のため休館しています。

岩手大学農業教育資料館(旧盛岡高等農林学校本館)

山形県米沢市

旧米沢高等工業学校本館

　明治時代初期の工業教育は、農林業や商業に比べてかなりの遅れをとっていた。しかし、日清戦争前後に産業革命が進展し、工業が著しい発展をみせると、工業教育の拡充が強く求められるようになった。こうしたなか、明治14(1881)年に設立された東京職工学校(東京工業大学の前身)が、明治34(1901)年、東京高等工業学校とされ、高等教育機関として位置付けられた。ついで、大阪・京都などに官立高等工業学校が設立されてくると、各地で誘致運動が起こった。米沢市でも、旧藩主上杉鷹山による殖産興業政策から始まった米沢織の発展を期待し、旧藩士らを中心とした「染織学科を主科目」とする高等工業学校の誘致が熱心に進められた。その結果、明治43(1910)年、米沢高等工業学校の設立が決定されたのである。ルネサンス様式の旧本館は、その優美な外観を留めるのみならず、内部の理化教室などには造り付けの机と椅子が、当時のままの姿で残されていて必見である。

国指定重要文化財

| 山形県旧米沢高等工業学校本館 | 山形県米沢市城南4-3-16 |

旧米沢高等工業学校本館

100年の時を刻む建物

　山形大学工学部の前身である米沢高等工業学校は，明治43年3月，東京・大阪・京都・名古屋・熊本・仙台に続く日本で7番目の高等工業学校として開校し，平成22(2010)年に創立100周年を迎えた。

　現在は学部・大学院をあわせてほぼ4000人の学生が在籍し，日本有数の規模を誇るとともに，有機ELなど，世界をリードする研究が活発に行なわれている。

旧米沢高等工業学校本館(後ろより)

　さて，開校の年の7月に竣工したのが，この旧本館である。ルネサンス様式を基調とした木造2階建て(一部平屋建て)で，北を正面とし，全長94m，建築面積 1305.8m^2 の大規模な建物である。昭和48(1973)年に国の重要文化財に指定された。

　教室のほか，1階には事務室・応接室，2階は校長室・応接室・会議室などがある。

　外壁は板張りで，屋根は中央がスレート葺き，胴屋と翼家は桟瓦葺き，内装は漆喰塗りとなっている。

会議室

旧米沢高等工業学校本館

旧米沢高等工業学校本館(冬)

日本の近代化を体感する展示

　戦後，しばらくは実際に教育の場として使用されていたが，現在は建物内の部屋を利用して山形大学工学部の歴史，さらには近代日本の工業発展の歴史を体感できるさまざまな展示物が置かれ，一般に公開されている。

　たとえば，大正期に人絹(レーヨン)の工業化に成功し，今日の大手化学繊維メーカー帝人の技術的基礎を築き，日本における産学連携の先駆けとなった秦逸三教授の記念室は必見である。

　また，会議室や理化教室(階段教室)を会場とした演奏会・公開講座などが，随時開催されている。理化教室の机と椅子は造り付けのもので，現代人の体格からすると，とても小振りで窮屈である。それは100年という時の経過を感じさせてくれる。

理化教室

米沢藩の産業振興と高等工業

　旧本館に隣接する春日山林泉寺は，関ヶ原の戦いのあと，米沢に移封された上杉家の菩提寺である。上杉景勝の生母仙洞院と妻菊姫，執政直江兼続夫妻の墓所と

保存教室　　　　　　　　　　　　青春の詩碑(本館敷地内に設置)

しても知られ，NHK大河ドラマ「天地人」の放映をきっかけとして多くの参拝者を集めている。

　米沢藩は江戸後期，10代藩主上杉治憲(鷹山)の藩政改革により，養蚕・生糸業，絹織物(「米織」と呼ばれる)産業が発達した。

　米沢に高等工業学校が置かれた大きな理由は，このような上杉藩の治世に淵源を持つのである。

米沢のシンボルとして

　白鳥が羽を休めているような優美な姿を持つ建物は，100年の間，全国から米沢の地に集い，学び，巣立つ若者たちを見守り続けてきた。

　なお，JR米沢駅舎はこの旧本館を模して造られているなど，米沢を代表する建築物として市民にも広く親しまれている。

Information

問い合わせ先
山形大学工学部　総務課　施設管理担当
所在地　〒992-8510　山形県米沢市城南4丁目3-16

TEL：0238-26-3011
FAX：0238-26-3404
http://www2.yz.yamagata-u.ac.jp/campus/juubun/

注意事項　東日本大震災による損傷で，現在建物内は入館禁止となっております。外観の見学は自由です。

旧米沢高等工業学校本館

富山県南砺市

旧富山県立農学校本館　福野高等学校巌淨閣

　富山県立農学校の前身である富山県簡易農学校は，県内最初の農学校として明治27(1894)年に設立された。簡易農学校とは，尋常中学校に置かれていた農業専修科が独立したもので，小学校を卒業した生徒に対し，農業自営者としての農学理論や農業技術を習得させることを教育目標とする学校であった。富山県簡易農学校は，その設立の必要を強く訴え続け，実現をみないまま死去した地元出身の県議会議員島巌(しまいわお)の遺志を受け継ぎ，彼が残した財も投入して創設された。本館は，明治34(1901)年，富山県立農学校と改称された翌々年に建設された木造の洋風建築で，とくに正面中央には半円形の欄間が飾り付けられた玄関，ポーチ上のギリシャ風飾り窓のあるベランダ，ゲーブルの乗った屋根など，意匠を凝らした装飾が集中している。旧本館は，現在地に移築された昭和43(1968)年，島巌を讃えて「巌淨閣(がんじょうかく)」と名付けられている。

国指定重要文化財

| 旧富山県立農学校本館　福野高等学校巌淨閣 | 富山県南砺市苗島443 |

　旧富山県立農学校本館「巌淨閣」は，富山県の南西端に位置する南砺(なんと)市の旧福野町にある。平成16(2004)年に，近隣の8つの町村が合体して

巌淨閣全景

講堂で行なう茶道部の活動　　　　　　　　　下見板張り

誕生した南砺市の市庁舎がある旧福野町は，古くから繊維産業が盛んな地であった。現在は，野菜生産や施設園芸が盛んである。毎年夏には，ワールドミュージックのフェスティバル「スキヤキ・ミーツ・ザ・ワールド」が開催されている。

農業振興と人材育成を願って創設された学校

　福野高等学校は，明治27年10月に富山県簡易農学校として発足した。教育目標を農業自営者の養成に置き，農業経営に必要な学理と技術の習得を目指した。その後，県立農学校・福野農学校と名称が変わり，学制改革などにより福野高等学校となり，平成22(2010)年には再編・統合により普通科・農業環境科・福祉科を設置する南砺福野高等学校となり，今年で117年目を迎える。

　その間，世界の食糧危機を救った「小麦農林十号」の生みの親稲塚権次郎やコシヒカリの基になった「水稲農林一号」の育ての親鉢呂清香ら，農業発展に貢献した多くの人材を輩出してきた。

　創立からしばらくは，地元小学校の校舎を利用していたが，明治36(1903)年にこの本館が建設された。木造2階建て(床面積 333.3m²)，屋根は寄棟造り，桟瓦葺きである。

　外壁に下見板張り，縦長の上下窓のある西洋建築のデザインを取り入れている。正面中央には玄関ポーチがあり，ポーチ上部のペディメントのついた窓を開き，さらにその上部の屋根にドーマー窓風のゲーブルをつくるなど，装飾を集中させてとくに意を凝らしている。

　内部は，各室・廊下とともに，壁は漆喰仕上げで，腰に板を張り，天

旧富山県立農学校本館　福野高等学校巌淨閣

床下風通し　　　　　　　　　　　装飾開戸と欄間

井も板張りとなっている。設計・施工は，地元砺波市の宮大工藤井助之丞が行なった。

明治42(1909)年，皇太子殿下(のちの大正天皇)が行啓され，2階(当時は講堂)に御座所を設け，バルコニーから生徒の稲刈りなどの実習の様子と教室での授業をご覧になったと「行啓記録」に記載されている。

昭和41(1966)年，福野高等学校の鉄筋校舎への全面改築にあたり，同窓会が中心になり旧本館の保存を熱心に各方面へ呼びかけ，現在の場所に移築した。昭和43年，移転修理工事を終えた旧本館は，本校の創立功労者である島巖翁の遺徳を讃える意味を込め，当時の富山県知事吉田実によって，「巖淨閣」と命名された。

その後，簡素ながら洗練された意匠でまとめられた，県内に現存する

ゲーブルとベランダ

数少ない明治期の洋風建築として高く評価され，平成9（1997）年に，国の重要文化財に指定された。平成14（2002）年から大がかりな解体・保存修理事業が行なわれ，平成17（2005）年に竣工，建築当時の姿に復元されて，今日に至っている。夏は緑の水田のなかに，冬は白い雪のなかに，ひときわ目立つ淡いピンク色の堂々たる外観は，南砺市のシンボルとなっている。

階段と手すり

教育活動や地域への開放

　現在は，1階で明治期からの教科書・通知票・学校要覧・公印，農業生産物のラベルなどの学校関連の資料を展示し，2階の講堂では，毎年企画展を開催し，地域に開放している。また，生徒の美術や書の作品展示，茶道部・文芸部や生徒会活動などに活用されている。

Information

問い合わせ先
福野高等学校同窓会事務局

所在地 〒939-1521　富山県南砺市苗島443番地

TEL・FAX：0763-22-6210
E-mail：fukuno-dousoukai@tym.ed.jp

見学について　学校施設内にあるため，見学は学校事務室までお問い合わせください。

旧富山県立農学校本館　福野高等学校巌淨閣

三重県松阪市

三重県立松阪工業高等学校資料館棟(赤壁校舎)

旧制実業学校の一つである工業学校は,明治32(1899)年に制定された実業学校令に基づき,農業学校・商業学校・商船学校などとともに設置された。実業学校の入学資格は14歳以上,高等小学校卒業程度の学力を有する者に中等教育相当の職業教育を施すことを目的とした教育機関で,とくに工業学校は,その地域の産業界の要求に応えられるような人材育成を旨としていた。松阪工業学校は,明治35(1902)年に設立された三重県立としては最初の工業学校であり,全国に先駆けて応用化学専攻の5年制工業学校として開校されたことに特色がある。当時,校舎全体の外壁が朱色に塗られていたため,地域の人々は松阪工業学校を「赤壁(せきへき)」と呼んでいたという。これは,化学実験に使用する薬品で塗装が黒変することを防ぐために,硫化水銀を塗ったからである。明治41(1908)年に竣工した朱色の外壁を持つ製図室(現,資料館)にその名残りをみておきたい。

松阪市指定文化財

三重県立松阪工業高等学校資料館棟(赤壁校舎)　三重県松阪市殿町1417番地

松阪市と松阪工業高等学校

松阪市は三重県の中部に位置し,伊勢湾に面する人口約17万人の市で,松阪牛の生産や藍染めを基本とする松阪木綿で知られ,江戸時代は伊勢商人を輩出した商業の町である。

また,江戸時代に日本の国学者・文献学者・医師として活躍した本居宣長(もとおりのりなが)の生地としても知られ,本校は松阪城趾,御城番屋敷(ごじょうばんやしき)や松阪神社に隣接し,素晴らしい環境に恵まれて立地している。

昭和62(1987)年に,三重県観光資源保護財団は,「松阪の町並みと歴史遺産」の調査を行ない,松阪城趾・御城番屋敷から松阪工業高等学校校門及び資料館までを一連の歴史的景観として取り上げ,資料館は平成7(1995)年に松阪市文化財の指定を受けた。

資料館全景

全国初の応用化学専攻工業学校

　松阪工業高等学校は，明治35年，全国初の応用化学専攻の専門学校として，また三重県で最初の工業学校として開校し，我が国の近代産業を支える多くの人材を育成してきた。時代の変化と学制の変更により普通科・商業科などを併設していた時期もあるが，昭和30(1955)年より松阪工業高等学校と改称し，現在に至っている。

　この資料館棟(赤壁校舎)は，開校6年後の明治41年に製図室として完成したもので，木造平屋241m^{2}の建造物である。この校舎の外壁は朱色に塗装されているが，これは実験に使用する硫化水素により塗料が黒く変色するのを防ぐためといわれており，赤壁校舎の呼び名はここに由来している。

　創立当時は応用化学科の製図室であったが，その後，図書室・進路指導室・会議室と転用されており，現在は資料館兼会議室として使われている。また校門(正門)は，大正4(1915)年3月に建造されたもので，今も学校を守り続けている。

大正4年建造の正門

「近代化産業遺産」としての意義

　平成21(2009)年2月，当資料館が，経済産業省より我が国産業の近代化に大きく貢献した「近代化産業遺産」として認定を受けた。

　認定理由となったのは，「技術は人なり」をテーマとしたストーリー「質量ともに豊富な人材を供給し我が国の近代化を支えた技術者教育の歩みを物語る近代化産業遺産群」であり，その歴史的意義は次の言葉で代表される。「仮例当時為スノ工業無クモ人ヲ作レバ其人工業ヲ見出スベシ（人を作ればその人が工業を作る）」。

　この言葉は「日本工学の父」と称される山尾庸三が，技術者教育の重要性について語ったものである。欧米技術の導入を重視した明治政府は，生産現場で活躍する技術者を育成するための高等工業学校や工業学校などをあいついで設立させ，近代技術の導入を支える広範な立場の技術者の養成をはかった。

　現在，松阪工業高等学校ではこのような歴史と伝統の重みを受け継ぎ，

資料館内部の様子

次代を担う技術者を育成するために，さらに一層「ものづくり教育」の充実に努めつつ，地域とともに歩んでいる。

Information

問い合わせ先
三重県立松阪工業高等学校
所在地────〒515-0073　三重県松阪市殿町1417番地

TEL:0598-21-5313
FAX:0598-25-0532
http://www.mie-c.ed.jp/tmatsu/

見学について　学校施設内にあるため，見学は学校事務室までお問い合わせください。

熊本県熊本市

熊本大学五高記念館

「五高」とは、第五高等中学校のことである。明治19(1886)年に布達された中学校令に基づいて設置された2年制の官立学校で、5年制の尋常中学校卒業程度の者から選抜して入学させた。全国に5校が設立されたが、熊本には、東京・大阪・仙台・金沢につぐ5番目の高等中学校が、明治20(1887)年に開校されたので「五高」と呼ばれる。熊本が選ばれたのは、当時、九州随一の大都市であったからにほかならない。赤煉瓦の本館は、明治22(1889)年に竣工した建物で、仮校舎であった「五高」はここに移転してきた。2階建ての荘重な本館や赤門の通称がある正門、化学実験場は、九州地方の最高学府にふさわしい往時の姿を現在も遺していて見応えがある。

なお、高等中学校の3代校長が講道館柔道を創始した嘉納治五郎で、その時代に松江尋常中学校から英語教師として赴任してきた小泉八雲が、ここで3年間(1891〜94)教鞭をとった。

国指定重要文化財

| 熊本大学五高記念館 | 熊本県熊本市黒髪2丁目40番地1号 |

五高正面

五高開校

明治期の熊本は、九州の中心都市として中央官庁の出先などが建ち並び、九州一の大都会といわれていた。

その熊本市の郊外（当時は飽田郡黒髪村）に明治22年、突然出現した赤煉瓦の荘重な建物が「第五高等中学校」本館である。以来、120年、この地で学ぶ若者たちを見守っている。

明治20年、「中学校令」の公布により開校した第五高等中学校は、熊本市中心部に仮校舎を置き、その年の秋、入学生を募った。およそ1カ月にわたる入学試験では、熊本城の石垣昇りといった試験も課されたようである。

明治22年8月、黒髪村の5万1000余坪の広大な用地に赤煉瓦造り・2階建ての校舎が竣工すると間を置かずに引き移り、爾来、1万6000人近い入学生を迎え、1万3000余りの卒業生を送り出した（明治27（1894）年「高等学校令」の公布により「第五高等学校」となった）。

五高記念館前景 創建当時に移植された樟の木が五高から熊大へ、120年を知る木として今も大切にされている。

漱石の碑 五高教授夏目金之助が、明治30（1897）年10月10日の開校記念式典で読みあげた祝辞の冒頭を刻んだ碑。

輩出した人材

昭和25（1950）年まで、63年間の五高の歴史は、多くの人材に彩られている。

教師陣は、第3代校長を務めた嘉納治五郎に始まり、英語教師ラフカディオ=ハーンや夏目金之助（漱石）、漢文を講じた秋月胤永、漱石の紹

熊本大学五高記念館

本館正面遠景

介で赴任した厨川白村らである。

卒業生には，漱石と親交を結んだ寺田寅彦，大内兵衛・宇野哲人・犬養孝をはじめとして，作家下村湖人・上林暁・梅崎春生，劇作家木下順二・トルストイの翻訳家北御門二郎，首相池田勇人，佐藤栄作，外務大臣重光葵，民生委員の父林市蔵，ブラジル移民の父上塚周平ら，まさに百花繚乱といった趣である。

彼らがどのような五高生活を謳歌したのか，残された資料や写真はその有様をいきいきと伝えている。

(時代を語る展示物)

五高の63年間は，日本にとって激動の時代であり，残された資料には時代を語るものも多い。有栖川宮熾仁親王や勝海舟が揮毫した扁額，ラフカディオ＝ハーンの遊歩免許状（現在のビザのようなもの），戦時を物語る学徒出陣の記録や銃架などが伝えられている。

また，詩人萩原朔太郎が，入学直後，盗難にあった記録，写真を基に

化学実験場階段教室

赤門

昔のままの教室に
かつての黒板と机
を並べた復元教室

復元した漱石のモンタージュボイスなどユニークな資料もある。

最大の展示物ともいえる本館の建物は，昭和44（1969）年8月，表門（通称赤門）や化学実験場とともに国の重要文化財に指定され，現在は熊本大学五高記念館として公開している。資料館としての充実には，まだまだ時間を要するが，なによりもその圧倒的な存在感と雰囲気は，来館者の心をとらえ，評判は上々である。

大学構内にあるということで，一般の観光客に加え，学会や国際会議の参加者など，来館者もまた多彩である。漱石が「森の都」と讃えた，緑あふれる明治の熊本を偲ばせる巨木に囲まれた五高記念館である。

Information

問い合わせ先
熊本大学五高記念館

所在地 ─ 〒860-8555　熊本市中央区黒髪2-40-1

TEL：096-342-2050
FAX：096-342-2051
http://www.goko.kumamoto-u.ac.jp/

開館時間 10:00〜16:00（入館は15:30まで）
休館日 火曜日・年末年始（大学の都合による休館有り）
注意事項 詳しくは，五高記念館ホームページをご覧ください。

熊本大学五高記念館

長野県松本市

旧松本高等学校本館・講堂

　旧松本高等学校は，大正7(1918)年に公布された高等学校令(第2次高等学校令)に基づき，翌8(1919)年に設立された官立のいわゆる旧制高等学校である。それまでに官立高等学校は8校が開校され(「ナンバースクール」と呼ばれた)，つぎの第九高等学校の誘致をめぐって松本市は新潟市との間で熾烈な誘致合戦を展開したが，結局，双方とも所在地名を校名として，同じ年に開校することとなった。以後，原 敬(はらたかし)内閣による「高等諸学校創設及拡張計画」に従い，各地に高等学校が新設されていくが，松本高等学校を含め，これらは「地名校(ネームスクール)」と呼ばれた。大正9(1920)年竣工の本館は，大正期の高等学校に共通する洋風木造建築で，建物の隅に入口を設けた特徴ある造りの学校建築として，現存する唯一の遺構である。また，大正11(1922)年竣工の講堂も，隅入構造を持つ斬新なデザインで印象深い。

国指定重要文化財

| 旧松本高等学校本館・講堂 | 長野県松本市県3丁目1番1号 |

第一期地名校

　明治27(1894)年，高等学校令が公布され，高等中学校は高等学校と改

本館正面

称された。高等学校の誕生である。第一から第五まで、学区ごとに設置された高等中学校に加え、明治41(1908)年までに8校の高等学校が設置された。これが、第一高等学校をはじめとする、「ナンバースクール」と呼ばれる高等学校である。

　松本で高等学校の誘致運動が始まったのは、七高設置の話が持ちあがった明治32(1899)年であった。以来、八高設置にあたっても誘致に乗り出すが叶わず、明治43(1910)年には第九高等学校の設置が内定したが、事案は無期延期となったと旧『松本市史』は伝える。

講堂入口

　松本に高等学校の設置が実現するのは、大正7年に公布された"新"高等学校令によってである。翌大正8年9月、松本高等学校は、新潟・山口・松山の各校とともに、晴れて「地名校」の第一期校として開校した。

大正デモクラシーを反映

　新しい高等学校は、それまでの帝国大学の予科的な性格を排し、「高等普通教育の完成」を目的とした。その建築も、ナンバースクールとは異なり、実用と経済性に重点が置かれた。松本高等学校における建物の配置でも、無駄な敷地を排除し、敷地の西北際に建つ校舎本館と講堂に、その特徴が表されている。

　松本高等学校は、松本駅と正面に向かい合う場所に建設された。その間、1.5

黄葉のイチョウの木(中央)も美しい裏庭

旧松本高等学校本館・講堂

講堂の外観(南西から)

講堂の内部(西側からステージ)

kmの道路は、高等学校建設にあわせて拡幅された。この道路が突き当たる場所に、本館と講堂の建物隅に設けられた入口が、建設当時のままに今も向かいあっている。

洋風木造建築の校舎本館は、大正期の高等学校に共通する特徴を備えている。入口が建物の隅に、公道に面して設けられているのが、その最大の特徴で、松本高等学校の校舎本館は現存する唯一の遺構となっている。

講堂も、道路と敷地の関係から、隅入の構造となっている。これは全国の学校建築でも、ほかに例をみない。また、図書館との複合施設となっているため、他のそれに比して大きく感じられるのも特徴といえよう。

保存と活用

　文化財建造物の活用は，今ではあたりまえになっているが，松本高等学校の校舎と講堂は，その先駆けといえる。

　信州大学人文学部の校舎として利用されていた建物群は，昭和48（1973）年のキャンパス統合により取り壊しと決まった。これを受け，松本高等学校同窓会，信州大学文理学部同窓会や市民団体による保存運動が起こり，4年余りの歳月を経て保存運動は結実した。

　昭和54（1979）年からは，あがたの森文化会館の名称で，市民の生涯学習の場として活用が始まっている。昭和56（1981）年，長野県宝に指定されて以降も，活用は続けられている。年間10万人という利用者は，ほかに類をみない活用状況である。

復元された教室（元理科第3学年乙組）

復元された校長室

Information

問い合わせ先

松本市立博物館附属施設
旧制高等学校記念館

所在地 〒390-0812　長野県松本市県3-1-1

TEL：0263-35-6226
FAX：0263-33-9986
URL http://www.matsu-haku.com/

開館時間 8：30～17：00（入館は16：30まで）

注意事項 松本市の博物館を紹介した松本まるごと博物館マップもご利用ください。詳しいことはお問い合わせください。

石川県金沢市

旧第四高等中学校本館

　明治19(1886)年に公布された中学校令に基づき，全国を5区に分けた区ごとに官立の高等中学校が1校設置された。このうち新潟・富山・石川・福井は「第4区」とされ，明治20(1887)年，石川県に第四高等中学校が開設されたのである。石川県では，明倫堂など加賀藩藩校での教育の伝統を礎に，明治14(1881)年から石川県専門学校が開校されていたが，第四高等中学校は，その敷地や施設・設備を継承して設立された。しかし，石川県専門学校に入学した，のちの哲学者西田幾多郎は，在学中に学校が第四高等中学校に改められたため「一地方の家族的な学校から天下の学校となった」と，校風が一変したことを述懐している。その西田は，明治27(1894)年の高等学校令によって改称された第四高等学校に着任し，倫理担当として教鞭をとった。明治24(1891)年に竣工した「四高本館」は，壁面の赤煉瓦と腰回りや軒回りの釉薬煉瓦・白煉瓦との対照が印象的な建物である。

国指定重要文化財

| 旧第四高等中学校本館（石川四高記念文化交流館） | 石川県金沢市広坂2-2-5 |

四高誕生

　江戸時代，日本一の大藩であった加賀藩の教育は，藩校明倫堂・経武

四高本館の正面

館と,幕末期に開校した洋学教育の壮猶館を中心に展開した。近代石川県の高等教育は,この伝統を受け継いで始まり,地元の高等教育機関設立に対する強い熱意と努力のもと,明治14年に石川県専門学校が開校した。

そして明治20年に同校の敷地・建物・教育設備などの全てを引き継ぎ,官立の第四高等中学校が誕生した。この時の学校創設費約12万円のうち,旧藩主前田家が約8万円,残りを地元有志が負担しており,費用すべてを寄付金で賄っており,地元の強い熱意が示されている。

「学都」金沢のシンボル

赤煉瓦の「四高本館」は,兼六園近くの広坂通りに明治22(1889)年6月に起工,明治24年7月に完成した。設計は,当時,文部技師であった山口半六・久留正道が行なった。

明治27(1894)年には第四高等学校と改称し,「学都」金沢の象徴として県民に親しまれ,数々の人材を政財界や学会に送り出してきた。

そして昭和25(1950)年,学制改革により閉校した。四高閉校ののち,金沢大学理学部,金沢地方裁判所,石川県立郷土資料館,石川近代文学館として使用された。また,2万坪の敷地には,明治村に移築された物理化学教室や武道場の「無声館」など,多くの建物が建てられた。

本館の屋根は寄棟造り,外観は腰回り,軒回りに釉薬煉瓦や白煉瓦を用い,壁面の赤煉瓦と強いコントラストをつくり,意匠的にも煉瓦造り建物の単調さを救っている。

屋根には,棟飾りや雪止めの金物のグリルをのせ,煉瓦造りの煙道を

本館正面と四高記念碑　　　　　　　　四高記念碑(明治,大正,昭和の学生)

旧第四高等中学校本館

四高館内

四高2階廊下

6カ所に立て、変化を与えている。1階は主として教員室・事務室などに、2階は教室に使用された。構造及び形式は、煉瓦造り2階建て桟瓦葺き、正面玄関付きであり、建築面積は1068m²である。昭和44(1969)年3月に国の重要文化財の指定を受けている。

石川四高記念文化交流館として

　今回、石川四高記念文化交流館として新たに生まれ変わるにあたり、四高の歴史を広く後世に伝えていくため、国の重要文化財としての建物の保存のみならず、より多くの利用者のためバリアフリー化や夜間のライトアップ用設備などの改修を行なった。

　また、創立当時からの四高の歴史と伝統を伝えるさまざまな展示に加え、旧四高の教室をギャラリーや句会など、多目的に利用できる「石川四高記念館」ゾーンと泉鏡花・徳田秋声・室生犀星をは

文学館内

じめとする石川県ゆかりの文学者の著書・原稿・遺品・愛蔵品などの資料を展示する「石川近代文学館」ゾーンの2つのゾーンによって構成されている。

　兼六園周辺文化の森の新しい「学びとふれあいの複合文化スペース」として，平成20(2008)年4月に生まれ変わった。

Information

問い合わせ先

石川四高記念文化交流館

- **所在地** 〒920-0962　石川県金沢市広坂2-2-5

　TEL:076-262-5464
　FAX:076-261-1609
　http://www.pref.ishikawa.jp/shiko-kinbun/

- **開館時間** 展示室9:00～17:00（入館は16:30まで）
　多目的利用室・レトロ体験室9:00～12:00

- **注意事項** 石川四高記念館は無料です。

旧東京音楽学校奏楽堂

東京都台東区

　東京音楽学校は，明治20(1887)年に設立され，明治23(1890)年に現東京藝術大学の校地に奏楽堂(そうがくどう)を含む校舎が新築されて移転した。前身は，明治12(1879)年に文部省に設置された音楽取調掛で，御用掛に任命されたのは，のちに東京音楽学校の初代校長に就任する伊澤修二であった。当初は，音楽教育を実施するための調査機関であったが，明治15(1882)年以降は音楽の専門教育も行なうようになり，初めての近代的な音楽教育機関となっていった。明治20年には，伊澤ら8名の学者が連署・提出した「音楽学校設立ノ儀ニ付建議」に基づいて音楽取調掛は東京音楽学校と改称され，本格的な音楽教育が開始された。奏楽堂の竣工式では，伊澤校長が「音楽は人心の和平を養い，国家に欠くべからざるもの」と式辞で述べている。丸天井や曲面の付いた壁の四隅などが特徴的な日本最初の音楽ホールや，ステージ中央に設置された最古のパイプオルガンは必見である。

国指定重要文化財

台東区立旧東京音楽学校奏楽堂	台東区上野公園8番43号

奏楽堂とは

　明治23年，東京音楽学校(現，東京藝術大学音楽学部)の新校舎が落成した。新校舎は練習室や教室を配した左右の翼家と，日本で最初の音楽ホール「奏楽堂」を2階に備えた母屋からなる。

　日本を代表する多くの音楽家が，この奏楽堂で研鑽(たけんた)を積んだ。瀧廉太郎，三浦環(みうらたまき)，山田耕筰(やまだこうさく)ら奏楽堂が育んだ著名な音楽家の名前をあげれば枚挙に暇がない。また，ベートーヴェンの「交響曲第5番(運命)」をはじめとする名曲の本邦初公演を飾ったのも，この舞台である。

　奏楽堂の設計には，数々の学校建築を生んだ山口半六(やまぐちはんろく)が携わり，音響計画には音響学の権威であった上原六四郎(うえはらろくしろう)がかかわった。音楽教育の現場という性質上，奏楽堂はほかの教育施設にはみられない，ユニークな特徴を持っていた。

上野公園に移築された奏楽堂

　天井はヴォールト型(カマボコ型)の丸天井になっており，これは床と天井を平行にしないことで，余計なエコー現象を生じさせないためである。四隅の壁が，直角ではなく，丸くアール(曲面)がつけられているのもそのためである。また，壁や床には藁束や大鋸屑がぎっしりと詰められ，遮音性を高めている。

　奏楽堂には，もう一つ日本最古のものがある。ステージ中央にあるパイプオルガンである。

　もともとは紀州徳川家侯爵の頼貞が，イギリスのアボットスミス社に発注して購入したもので，昭和3(1928)年に東京音楽学校に寄贈された。

　このオルガンは今では珍しい空気式のシステムを用いており，頼貞が発注した頃に普及していたほかのオルガンに比べて，一時代前の機構

日本で最古のコンサート用パイプオルガン

旧東京音楽学校奏楽堂

奏楽堂内部

を持つ。ヨーロッパでも数少ない後期ロマン派時代の楽器として、貴重なものである。

(奏楽堂保存運動)

奏楽堂は常に新しい音楽文化を発信してきた。しかし、昭和40年代になると老朽化が著しくなり、音楽ホールとしての機能を果たせなくなった。

東京藝術大学では新たな音楽ホール建設のため、奏楽堂を明治村に移築する計画を進めていたが、芥川也寸志・黛 敏郎をはじめとする音楽家たちが、現地保存運動を起こした。

保存運動は難航を極め、一時は断念せざるを得ない状況にまで陥ったが、新たに台東区が参入したことにより事態は一転し、上野公園内に移築・保存することが決定した。

昭和62(1987)年、奏楽堂は台東区の手により移築され、「旧東京音楽学校奏楽堂(以下、旧奏楽堂)」として創建当初に近い形でパイプオルガンの修復とともに蘇ったのである。そして、翌63(1988)年1月、国の重要文化財に指定されたのである。

本居長世 「赤い靴」「七つの子」などの作曲で知られる。東京音楽学校の卒業生。旧東京音楽学校奏楽堂では約900点に及ぶ関連資料を所蔵。貴重な直筆譜などを公開している。

明治23年当初の東京音楽学校校舎（奏楽堂）

生きた文化財としての旧奏楽堂

かつての姿を取り戻した旧奏楽堂では，毎年，奏楽堂日本歌曲コンクールを開催し，日本歌曲の普及に努めると同時に，年間150回以上にも及ぶ演奏会が催されている。

また，藝大生による定期演奏会が開かれるなど，音楽教育の現場としても健在である。パイプオルガンも，毎月第2・第4日曜日のコンサートでは，豊かな音色を響かせている。

1階の展示室では，東京音楽学校ゆかりの音楽家にまつわる資料を公開しており，日本近代音楽史を一望することができる。

旧奏楽堂は生きた文化財として，これからも新たな音楽史を刻み続けていくことだろう。

Information

問い合わせ先
台東区立旧東京音楽学校奏楽堂

所在地　〒110-0007　東京都台東区
　　　　　　上野公園8番43号

TEL：03-3824-1988
FAX：03-3824-2647

開館時間　9：30〜16：30
　　　　　（入館は16：00まで）

注意事項　公開日は日・火・木曜日です。
　　　　　（水・金・土曜日はホール等の使用
　　　　　　がない場合）

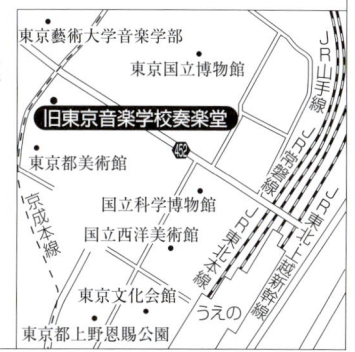

北海道札幌市北区

札幌農学校第二農場・モデルバーン（北大農学部第二農場）

　明治9（1876）年，東京芝に設立されていた開拓使仮学校を前身とする札幌農学校が札幌に開校された。札幌農学校は，教頭にマサチューセッツ州立農科大学初代学長であったクラーク博士を迎え，北海道開拓の中核となる人材の育成を目指した教育を開始する。実践的な農業教育を重視した博士は，開校早々に現在の北海道大学札幌キャンパスとほぼ同じ区域に広大な農場を拓き，その第一農場を学生の教育と研究用，第二農場を畜産経営のモデル農場とした。現在，北大総合博物館により一般公開されている「札幌農学校第二農場」は，文化財として全面解体・復元工事によって往時の形態に戻されたもので，昭和44（1969）年に国の重要文化財の指定を受け，平成19（2007）年には経済産業省から「近代化産業遺産」に認定されている。この施設には，クラーク博士の大農構想による模範家畜房（モデルバーン）と穀物庫をはじめ9棟の施設があり，そのなかに当時から今日に至る家畜の導入技術史や畜力農機具の変遷を示す資料や農機具が展示されている。

国指定重要文化財

| 札幌農学校第二農場・モデルバーン（北大農学部第二農場） | 北海道札幌市北区北十八条西8丁目 |

クラーク博士の模範農場

　明治9年，当時は未開の地であった札幌に札幌農学校がつくられた。旧新撰組の土方歳三が箱館戦争で戦死した6年後のことであった。

　札幌農学校は，北海道開拓のための人材の育成を目的につくられた，我が国最初の学位授与教育機関である。この時の開拓使次官は，箱館戦争で参謀を務めた黒田清隆で，彼は米国農務長官ケプロンを開拓使顧問として招いたほか，マサチューセッツ州立農科大学初代学長のクラーク博士を農学校教頭に招聘した。

　札幌農学校は，我が国の農学の教育・研究に非常に大きな貢献をしたほか，内村鑑三や新渡戸稲造，また有島武郎など著名な思想家・文化人も

明治11年頃建築早々のモデルバーン（北大中央図書館蔵） 建物，動物ほか教官・技官などが全員で写った記念写真。乾草を山積みした馬車が2階へ傾斜路をのぼっている。

生み出している。

　クラーク博士は，赴任するとすぐに新開地北海道の開拓を担う模範となるべき実践経営農場を設け，農黌園（College Farm）とした。のちの北海道大学農学部附属農場（現，北方生物園フィールド科学センター農場）である。

　博士の指導のもと，ホイラー教授が模範家畜房（モデルバーン），ブルックス教授が穀物庫（コーンバーン）を設計した。当時のニューイングランド地方に一般的にみられる畜舎を想定したもので，明治10（1877）年に完成し，ともに今日まで遺された。

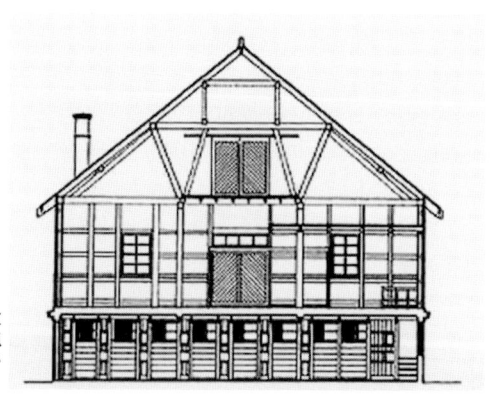

モデルバーンの断面図 1階が家畜房，2及び3階が乾燥庫で，現在2階は農機具展示場になっている。

札幌農学校第二農場・モデルバーン（北大農学部第二農場）

エルムの木陰の牧牛舎(手前)とモデルバーン(奥)　モデルバーンの切妻には，滑車を下げるレールと牛頭部の木像がみえる。

モデルバーンの構造

　現在の北海道大学キャンパスは札幌駅の北西部に，およそ176haの広大な面積で広がっている。札幌農学校第二農場(博物館施設)は，このキャンパスの北部に位置する。そもそも第二農場とは，教育研究用の第一農場に対する名称であり，わが国で初めての畜産経営実践農場として，一戸の酪農家を想定して発足した。

　当初，第二農場施設群は北十一条付近に位置していたが，明治40(1907)年に札幌農学校が東北帝国大学農科大学となった時に現在の場所に移設された。

　移設前のモデルバーンは，2階乾草貯蔵庫まで傾斜路が付けられ馬車が直接進入できたが，移設後は切妻屋根からレールが延び，滑車などで乾草を運び上げる構造になっていた。

　そのほか地下室の撤去，換気口と補強柱の追加などの改善を除いて，現在の構造は建設当時とほぼ同様で，1階部分が牛や馬などの飼育房，2階及び3階が飼料庫となっている。

　第二農場の敷地内にはモデルバーン，穀物庫(コーンバーン)のほか，牧牛舎(搾乳牛舎)・種牛舎，軟石造りの釜場，煉瓦造りの製乳所も配置

されている。

展示施設として

　札幌農学校第二農場施設群は，現在の位置に移った明治44(1911・落成移転年)年以後も，北海道帝国大学農学部(大正7年以降)，北海道大学農学部(昭和22年以降)を通じて，農学部学生の教育研究に供されてきた。しかし，キャンパス計画で移転を余儀なくされ，ついに昭和43(1968)年に用途廃止となった。

　昭和44(1969)年に国の重要文化財に指定され，現在は北海道畜産発祥の地，洋式農業普及の原点として，また本道最古の洋風農業建築物として，北海道大学総合博物館が一般公開を行なっている。

　モデルバーン，穀物庫及び牧牛舎には内部に入場でき，往時の施設を実地に見学できるほか，農学校当時の教育用掛け軸や馬力利用の農機具も多数展示されている。

Information

問い合わせ先
北海道大学総合博物館
所在地　〒060-0818　北海道札幌市北区北18条西8丁目
　　　TEL：011-706-2658
　　　FAX：011-706-4029
　　　E-mail：museum-jimu@museum.hokudai.ac.jp

開館時間　屋外(通年公開)　6：00〜18：00
　　　屋内(4/29〜11/3)
　　　10：00〜16：00

　　　※毎月第4月曜休館(耐震強度の問題により開館時間や公開施設を変更する可能性があります。)
　　　WEBサイト：http://www.museum.hokudai.ac.jp/display/dai2noujou.html

注意事項　展示解説を希望される場合は，事前に見学申し込みが必要となります。

札幌農学校第二農場・モデルバーン(北大農学部第二農場)

奈良県奈良市

奈良女子大学記念館(旧奈良女子高等師範学校本館)

　明治23(1890)年,高等師範学校から女子師範科が分離され,東京に初めて女子高等師範学校(女高師)が設立された。お茶の水女子大学の前身である。女高師は,師範学校女子部と高等女学校の教員を養成する機関で,当初は一校のみの設置とされていた。その後,女子の尋常小学校への就学率が上昇し,高等女学校も拡充に向かって女子教員の需要が増したことから,明治41(1908)年,2番目の女高師として奈良女子師範学校が設置されることとなった。授業は翌年5月から始められたが,本館は同年の10月に竣工した。木部を外に出すハーフティンバー構造の外壁は,木部の緑と漆喰壁の白が調和して美しい。また,1階の外壁は竪板張りと横板張りを交互に配し,単調になることを避けている。2階講堂の天井は,中央部を一段上げて,一面的にならないための工夫がみられる。そこには,現在も「百年ピアノ」という愛称で親しまれているグランドピアノが据えられた。

国指定重要文化財

奈良女子大学記念館(旧奈良女子高等師範学校本館)

奈良県奈良市北魚屋東町

奈良女子大学記念館全景

百年ピアノ（2階講堂）　　　　　　　　　　中庭の池に写る記念館

100年の歩み

　平成21(2009)年5月1日，奈良女子大学は開学100周年を迎えた。その100年に及ぶ歳月をいつも一緒に歩んできたのが，奈良女子大学記念館である。木造2階建て，木部を外に表す美しい外壁デザインを持つこの建物は，明治42(1909)年，奈良奉行所跡に旧奈良女子高等師範学校本館として竣工した。

　設計を担った山本治兵衛は，伝統的な日本建築と洋風建築双方の知識と技術を兼ね備え，高等教育学校施設の建設に力量を発揮した人物である。同校本館，京都帝国大学の諸建物のほか，彼が残した功績は近畿一円にとどまらない。

　学校創設当初から，大小7つの部屋に分かれる1階は事務室，広い一室の2階は講堂として使用され，昭和24(1949)年に国立奈良女子大学として新しい時を刻み始めたのちも，大学本部及び講堂として学び舎の歴史を重ねてきた。しかし，昭和55(1980)年に本部管理棟が，昭和58(1983)年に講堂が別に新築されたため，平成2(1990)年に「記念館」へと改称し，10カ月を費やす改修工事を経た平成6(1994)年12月に，国の重要文化財に指定されたのである。

　現在，展示室に生まれ変わった1階には，かつて学んだ生徒の様子を伝える記録写真や学術標本が並べられ，また2階講堂は，大学院の入学宣誓式をはじめとする公式行事やシンポジウム・音楽コンサートなどの会場として活躍の幅を広げている。

百年ピアノ

　階段を上がり，2階講堂入口の扉を開けてみる。すると，誰しも100

2階講堂　各種催しで現在も使用される。

年前にタイムスリップしたかのような錯覚に包まれるのは間違いないだろう。整然と並んだ長椅子は開校当初の姿をとどめ，前方には，楽器というよりはむしろ工芸品の品格さえ漂わせる，愛称「百年ピアノ」が据えられている。

　明治40(1907)年生まれ，学校創立当時に購入されたこのピアノは，平成14(2002)年，大学構内の倉庫で発見された。そして，「展示品としてではなく，100年先，200年先まで使いたい」と修復を望む声が高まるなかで，平成17(2005)年6月，ピアノ修復家の工房へ旅立った。

　本来あったこの場所へ再び現役として帰ってきたのは同年11月のこと

館内　ほぼ開校当初のまま残る。

大学構内には鹿も

である。戦後，一度は離ればなれに歳月を生きた「記念館」と「百年ピアノ」だが，これからはずっと，記念館に輝く「宝物」として美しい調べを奏で続けていくだろう。

次の100年へ

毎年春と秋の年2回，重要文化財への理解と認識を得るとともに，地域文化の発展・向上に寄与することを目的として「記念館一般公開」が開催される。

平成21年は，創立100周年を記念する特別展示「奈良女子大学百年の歩み」も行なわれ，数十年ぶりに再訪を果たした同窓生の過去を懐かしむ姿が今も印象に残る。

そしてまた，この記念館ほど移ろいゆく四季の変化にしっくり馴染んだ佇まいをみせる建物はそう多くはないだろう。古都奈良の凛とした冬の空気に包まれるその姿も，春には中庭に咲く「八重桜」(校章の一部にもデザインされている)と絶妙の調和を披露する。

完成から100年もの時が経過した。けれども，この「明治の館」は，内外ともに色褪せることを知らない魅力をたたえたまま，また新たな世紀を歩み始めた。

Information

問い合わせ先
奈良女子大学総務・企画課

所在地 〒630-8506 奈良県奈良市北魚屋東町

TEL:0742-20-3204
FAX:0742-20-3205
http://koto.nara-wu.ac.jp/kinenkan/

見学について 学校施設内のため，見学その他詳しいことはお問い合わせください。

京都府京都市上京区
同志社大学クラーク記念館

　明治8(1875)年，京都寺町に同志社大学の前身である同志社英学校が開校された。教員は創立者である新島襄を含めて2名，生徒は8名というスタートであった。英学校とは，英語ですべての授業を行なう学校のことであり，開校以来，新島が高く評価した「良心教育」を建学の精神とし，キリスト教主義に基づく教育活動を展開した。明治9(1876)年に校地を今出川の旧薩摩藩邸跡に移し，明治17(1884)年に同志社初の煉瓦建築である彰栄館(しょうえいかん)が竣工した。これ以降，礼拝堂や書籍館(現，有終館)などの煉瓦造り校舎の建設が進められていく。クラーク記念館は，アメリカのクラーク夫妻からの寄付を得て，明治26(1893)年に完成した神学館で，神学教育と研鑽の場として活用された。これまでさまざまに改造されてきたクラーク記念館であったが，現在は建築当初の姿に復元されている。印象的な尖塔など，重厚な雰囲気が漂うドイツ風のネオ・ゴシック建築に注目したい。

国指定重要文化財

| 同志社大学クラーク記念館 | 京都府京都市上京区今出川通烏丸東入 |

同志社135年の歴史

　鴨川河畔にほど近く，緑豊かな京都御苑と相国寺に隣接している同志社大学今出川キャンパスは，明治8年に同志社英学校が設立されて以来，135年の歴史を刻んできた。今出川校地は，鎌倉中期に貴族の邸宅が建ち始め，室町時代には近衛家の別宅(現，新町キャンパス)や足利義満の室町殿(現，室町キャンパス)が，江戸時代に

クラーク記念館

クラーク・チャペル

は薩摩藩邸（現，今出川キャンパス）が置かれるなど，長きにわたり日本史の表舞台であった場所である。

　周辺には多数の神社・仏閣や史跡が点在し，茶道や華道など伝統文化の中心に立地している。今出川キャンパスを烏丸通沿いの西門から一望すると，明治時代から受け継がれる赤煉瓦の建物が並ぶ。京都市に現存する最古の煉瓦建築物である彰栄館，同志社礼拝堂やハリス理化学館など，同志社には5つの国の重要文化財と2つの登録有形文化財があるが，そのなかでもクラーク記念館はシンボル的存在となっている。

クラーク記念館の誕生

　明治26年に竣成したクラーク記念館は，印象的な尖塔を持ち，ドイツのネオ・ゴシックを基調とする重厚な建物で，いま仰ぎみても異国への思いをそそるものがある。これは同志社校友会の熱情が生んだ建物だといってもよい。

　校友会は，創立者新島襄の死後，ただちに建設資金のための募金活動に着手した。だが，当時の校友はまだ150名に満たず，みな若年でもあったことから，運動は思うように進捗しなかった。しかし，明治24(1891)年，ニューヨーク州のB=W=クラーク夫妻がアメリカン・ボードを通じて校友会の挙を知り，亡くなった子息バイロン=S=クラークのメモ

塔屋からのぞむキャンパス風景

玄関ホール

リアルホールを造ってほしいと1万ドルの寄付を申し出た。

　これによって校友会の悲願の一つ，クラーク記念館の竣成が実現することになったのである。

　この"Byron Stone Clarke Memorial Hall"は，昭和38(1963)年に現在の神学館が竣工するまで，「クラーク神学館」と称され，神学教育・研究の中心施設となっていた。

クラーク記念館の改修

　平成7(1995)年の阪神・淡路大震災で壁の一部が破損したことを契機に，構造調査及び耐震診断を実施した。そして文化庁の補助金を受け，京都府教育委員会に委託して，平成15(2003)年1月から60カ月を費やして大規模修復工事を行なった。

　工事は「半解体修理」という方針で進められた。主な内容は，破損あるいは腐朽した箇所を健全な状態にする「修理」，詳細な調査と検討を行ない，110年間に改造されてきた箇所を建築当初の状態に戻す「復元」，

神学館と書かれたクラーク記念館入口

そして建物全体の「構造補強」の3つである。

　建設当初はあったが，いつしか撤去されたドーマー窓，大棟尖塔飾り，煙突頂部の雨除けの装飾も復元した。塔屋の屋根葺き材は緑青色の銅板から黒い鉄板に復元された。ドーマー窓などの復元とあわせて，外観の装飾性が増し，一段とドイツ建築の重厚な雰囲気が高まった。再び当時の姿によみがえったクラーク記念館は，キャンパスで育まれる学生たちの夢をいまも見守り続けている。

息子である B.S. クラークを記念するタブレットが飾られた1階ホール

Information

問い合わせ先

同志社大学企画部広報室広報課

所在地　〒602-8580　京都府京都市上京区今出川通烏丸東入

TEL：075-251-3120
FAX：075-251-3080
http://www.doshisha.ac.jp

開館時間　外観のみ見学は可能です。
（9：00〜17：00）

同志社大学クラーク記念館

龍谷大学大宮学舎

京都府京都市下京区

　龍谷大学の前身である「学寮」は、僧侶の養成施設として寛永16(1639)年に西本願寺境内に設立され、その後、移転して「学林」と称された。明治維新直後に起きた廃仏毀釈(はいぶつきしゃく)の嵐は、仏教界に深刻な危機をもたらし、学林は近代化に向けて大きく改革されていく。学林では、宗学以外に歴学・外国語・キリスト教研究などが講じられるようになり、明治8(1875)年には学校制度が取り入れられ、翌年、学林は「大教校」と改称された。その学舎は、仏教系教育機関ながら新時代を歩むにふさわしい洋風建築とされ、西洋の修道院建築に範を求めたともされる大講堂(現、本館)や生徒寮(現、南黌(なんこう)・北黌(ほっこう))・守衛所・表門(現、正門)などが、明治12(1879)年に竣工した。これらの建築物が群として現在に遺されていることはきわめて稀であり、その景観は見応え十分である。また、本館の細部の装飾に、古くから日本建築で用いられてきた菊や桐などのモチーフがみられるのも面白い。

国指定重要文化財

| 龍谷大学大宮学舎本館・北黌・南黌・旧守衛所及び正門 | 京都府京都市下京区七条通大宮東入大工町125-1 |

大宮学舎本館全景(中央本館)

大宮学舎本館全景(中央本館)

創立寛永16年　龍谷大学発祥の地

　龍谷大学は，寛永16(1639)年，本願寺13世宗主 良如上人(りょうにょしょうにん)によって，西本願寺境内に創設された僧侶養成施設「学寮」に始まる。

　明治時代の龍谷大学は，21世宗主 明如(みょうにょ)上人のもとで大改革を行ない，宗門の華々しい近代化を世間に知らしめていた。ヨーロッパの学校制度を調査するために赤松連城(あかまつれんじょう)らをヨーロッパに派遣した。宗教のみならず歴学・外国語・キリスト教研究などを講義に含めるという斬新な改革を打ち出した。

　そうしたなか，明治12(1879)年に大宮学舎(おおみやがくしゃ)本館が竣工した。明治時代の洋風学校建築物が「群」として，全体景観を形成しており，建築当初の建物群がほぼ完全な形で遺されていることは極めて珍しく，大宮学舎の最大の特徴である。明治初期の洋風建築の代表例でもあり，その珍しさからか明治13(1880)年には，明治天皇が特別に立寄られ，御覧になられた。現在，本館・北黌・南黌・旧守衛所及び正門が国の重要文化財に指定されている。

当時「西日本最大」といわれた大宮学舎本館

　本館は，一般に「擬洋風建築(ぎようふう)」といわれる。

　外観上，石の柱が建ち並び，あたかも石造りや煉瓦(れんが)造りのような印象を与えるが，実際は，木造で石材は柱などの木部に貼り付けられている。

　当時は，横浜などでもみられたこの建築様式であるが，現存するのは，

龍谷大学大宮学舎

大宮学舎南饗から北饗をのぞむ

ここの本館のみである。細部装飾は，一見すると洋風だが，よく目を凝らすと昔から日本建築で使われてきた菊や桐などの植物・雲などが多用されている。卍模様をアレンジした通気口もおもしろい。

明治の建築物「群」がほぼ完全な形で現存

　北饗・南饗は，当時は寮として建造された。現在は教室として使用されている。本館と比べると装飾的要素の少ないシンプルな建物ではあるが，木を弓形に組み，石灰モルタルを用いて石造りにみせるなど，本館

ベゼクリク石窟復元大回廊

龍谷ミュージアム

との調和を考えて設計されている。

　特筆すべきは，こうした文化財が，現在でも普通教室として活用されていることである。文学部・大学院文学研究科の学生は，明治時代の薫りを感じながら，学生生活を送るのである。

　この地から始まった龍谷大学も，今日では，8学部，1短期大学部，9研究科，1専門職大学院を擁し，約2万人の学生が集う総合大学となった。

　平成23(2011)年には，本願寺西側に仏教総合博物館「龍谷ミュージアム」を開館した。

Information

問い合わせ先
龍谷大学(本部)

所在地 ── 〒612-8577　京都府伏見区深草塚本町67

TEL：075-642-1111
FAX：075-642-8867

見学について　見学希望の方はお問い合わせください。また詳しくはホームページをご覧ください。

東京都港区

明治学院インブリー館

　幕末の横浜開港，それに続いての明治維新にともない，徳川幕府に代わった明治新政府により近代化が急速に進められ，ことに欧米の制度や文物を取り入れる文明開化の風潮が高まった。

　そうしたなか，貿易に携わる商人をはじめとして，キリスト教の宣教師や近代化政策にかかわっての政府お雇いの外国人らが来日した。

　近代化を進めるために重視されたのは，教育制度の確立とその普及で，明治5(1872)年に学制が公布され，欧米を手本とする学校教育制度が採用された。

　このような風潮のなか，来日した外国人宣教師らの手によって学校が設立されるとともに外国人の教師も招かれ，日本の近代教育に大きな影響を与えた。これらの学校は，欧米風の校舎と教師の宿舎を持ち，まさに教育の近代化を象徴するものであった。

　今に残された建物を見学するなかで，当時の文明開化や教育の近代化のあり様を探ることができる。

国指定重要文化財

| 明治学院インブリー館 | 東京都港区白金台1-2-37 |

明治学院の創設

　平成25(2013)年に創立150周年を迎える明治学院は，横浜開港と同時に来日したアメリカ人宣教医師 J・C＝ヘボンが文久3(1863)年，妻クララとともに横浜の自宅で始めた「ヘボン塾」を淵源としている。

　ヘボンは人々に医療を施し，ヘボン式ローマ字を考案して最初の本格的な英和・和英辞書『和英語林集成』を編纂した。やがて聖書の日本語訳の完成に大きく貢献，日本の近代教育の礎を築いた人でもある。

　ヘボン塾は明治13(1880)年に築地へ移転して築地大学校と称し，やがて東京一致英和学校となって，明治20(1887)年，東京一致神学校などと合併して，明治学院の名のもとに現在の東京白金の校地で新たな歩みを始めたのであった。

インブリー館の由来

　白金の明治学院の最初の入学生の一人である島崎藤村は、その小説『桜の実の熟する時』のなかで、当時の学院風景を次のように描写している。「向うの講堂の前から敷地つづきの庭にかけて三棟並んだ西洋館はいずれも捨吉が教を受ける亜米利加人の教授たちの住居だ。白いスカアトを涼しい風に吹かせながら庭を歩いている先生方の奥さんも見える。」

　この西洋館の一つで、ウィリアム＝インブリー博士が、明治30(1897)年の再来日から大正11(1922)年の帰国まで住んだ住宅が、今日インブリー館と呼ばれているものである。

インブリー館正面

1階応接室(現在は会議室として使用)

文化財としての特徴

インブリー館は明治22(1889)年頃に落成したといわれている建物で、木造銅板葺き2階建て、建坪は1・2階合わせて延べ301.3m²、建築様式は同年代のアメリカのニューイングランドで流行した住宅の伝統を継いでいる。わが国に現存する宣教師館としてはおそらくもっとも古いものの一つであり、平成10(1998)年、国の重要文化財に指定された。

この住宅には廊下はなく、ホールを中心にそれぞれの部屋が連結されている。外装も下見張りという板張りの仕上げだが、軒に近い部分に施された独特の複雑な張り方が、シングルスタイルと呼ばれる様式を彷彿とさせる。バルコニーや暖炉・煙突も備えており、純粋な洋風住宅といえる。

東京オリンピックのために校地に接する国道が拡張された昭和39(1964)年に、インブリー館は曳き屋されて現在の位置に移された。

そして平成7(1995)年から2年余りをかけて復元・補修工事が行なわれた。復元の細部にわたり数々の議論が重ねられたが、最初に建てられた時の瓦葺き屋根がその後銅板葺きに変更されていた点については、瓦葺きに戻した場合その重量が建物に負担をかけ、安全性の面でも望ましくないこと、そして既に銅板葺きの姿で人々に長く親しまれていることなどが考慮され、瓦葺きではなく、あえて銅板葺きで補修されている。

建物中央にある階段

> 東京白金の歴史的景観として

　現在，明治学院白金校地にはインブリー館のほかにも明治学院記念館（明治13〈1880〉年建築，東京都港区有形文化財），ウィリアム＝ヴォーリズ設計のチャペル（大正5〈1916〉年建築，東京都港区有形文化財）がある。国指定重要文化財であるインブリー館は，このような他の文化財ととともに，創立150年を迎える明治学院の歩みを象徴しつつ，東京白金の地に揺るぎない歴史的景観をつくりなしている。

インブリー館正面

Information

問い合わせ先

明治学院 学院長室

所在地　〒108-8636　東京都港区白金台1-2-37

TEL：03-5421-5230
FAX：03-5421-5236

注意時間　学校施設の敷地内のため，見学の際は上記事務室にお問い合わせください。
なお，団体での見学に際しては上記事務室までご相談ください。ホームページは明治学院インブリー館で検索してください。

明治学院インブリー館

東京都豊島区

学習院大学史料館（旧制学習院図書館）

　学習院大学史料館は旧制学習院図書館で，学習院大学の目白キャンパスにある7棟からなる一群の国登録有形文化財建造物の1棟である。

　学習院は華族子女の教育機関として神田錦町に設けられ，明治41(1908)年に目白に移転した。

　この目白キャンパスの国登録有形文化財建造物は7棟からなり，時代的には明治・大正・昭和期に建てられた建造物群である。そのなかの学習院大学史料館は旧制学習院図書館で，文化財登録では北別館とされ，明治42(1909)年の建造物である。

　第二次世界大戦前まで学習院は官立の学校とされ，この登録文化財の建造物群も含めキャンパスの設計は文部省の手によった。

　この図書館以外にも乃木館や厩舎アールデコ調の中等科教場などがあり，学校建築として大きな特色を持っていることが注目される。

国登録有形文化財

| 学習院大学史料館（旧制学習院図書館） | 東京都豊島区目白1-5-1 |

学習院の歴史とキャンパスの変遷

　学習院は明治10(1877)年に神田錦町で華族子女のための教育機関として，華族会館によって設立され，その後同17(1884)年，宮内省所管の官立学校となった。神田開校以来，キャンパスは虎ノ門，四谷へと移り，同41年には目白へ移転した。

　第二次世界大戦後，私立学校となり，新たな道を歩み始めた学習院であるが，目白キャンパス内にはその時々に建てられた建造物が遺り，今も現役の校舎などとして使用されている。

　平成21(2009)年春には，これらの建造物群のうち7棟が国登録有形文化財建造物として登録された。明治・大正・昭和期の学び舎7棟が，一群として文化財に登録されることは極めて稀であり，学習院の知られざる一面として広報効果もあがっている。

史料館

7棟の国登録有形文化財

文化財に登録された建造物は，正門(明治41年築)，乃木館(旧総寮部〈明治41年築〉)，厩舎(明治41年築)，北別館(旧図書館〈明治42年築〉)，東別館(旧皇族寮〈大正2年築〉)，南1号館(旧理科特別教場〈昭和2年築〉)，西1号館(旧中等科教場〈昭和5年築〉)である。

明治期，学習院目白キャンパスの設計は，文部省技師の久留正道が行なった。久留の設計による配置計画は，教室棟などの教育施設ゾーンと寄宿舎・官舎などの居住ゾーンが明確に分離されており，その中心に図書館(現，北別館・史料館)が配置された。正門もこの時に竣工されたものである。

当時，学習院長であった乃木希典は，自らも学生と寝食をともにしたいと希望し，寄宿舎開寮と同時に総寮部の2室で起居した。乃木院長は明治天皇崩御の後に自決するが，その遺徳を偲び，居室を保存することとした。それが乃木館である。

皇族学生用の寄宿

正門

学習院大学史料館(旧制学習院図書館)

乃木館

舎として建築されたのが，東別館（大正2年築）である。大正12(1923)年の関東大震災において，学内の多くの建物が失われたため，復興計画が立案された。目白通りの北側の土地は売却され，開校当初よりその地にあった厩舎と馬場は校地の南側に移動した。

昭和2(1927)年建築の理科特別教場（現，南1号館）と中等科教場（同5年建築，現，西1号館）は，地震に配慮した鉄筋コンクリート造りであり，宮内省が建設に力を注いだものである。アールデコ調の瀟洒な建物である中等科教場の設計者は，旧朝香宮邸（現，東京都庭園美術館）などの設計でも知られる宮内省内匠寮技師権藤要吉である。

(学習院大学史料館)

国登録文化財中の北別館（旧図書館）は，現在は学習院大学史料館として活用されている。史料館は大学付置研究施設と博物館相当施設の2つの面を持ち，高度な研究と広く一般に開かれた博物館としての活動を行なっている。

とくに年2回の展覧会と年3回の講座は，学習院ならではのテーマで開催し，多くの方にご来場いただき，さらに魅力的な活動を行なっている。

史料館展示室　　　　　　　　　西1号館214教室

東別館

南1号館

Information

問い合わせ先

学校法人学習院総合企画部広報課

所在地 ── 〒171-8588　東京都豊島区目白1-5-1

TEL：03-3986-0221
http://www.gakushuin.ac.jp

開館時間　9：30〜17：30
（土曜日は9：00〜12：30）

注意事項　学校行事などで入構できないこともありますので，詳しいことは広報課までご連絡ください。

学習院大学史料館（旧制学習院図書館）

東京都文京区

東京医学校本館

　国指定重要文化財の旧東京医学校本館は，明治9(1876)年に創建された木造擬洋風建築で，幾多の変遷ののち解体されて小石川植物園に移築・再建された東京大学最古の現存建物である。現在は，東京大学総合研究博物館小石川分館となっている。

　東京医学校は，もともと安政5(1858)年に伊東玄朴らの蘭医が江戸に設立した牛痘接種を行なう種痘所が始まりで，文久元(1860)年に幕府に移管され，文久3(1863)年には西洋医学教育を行なう医学所となったものが，1868年に医学校と改称し，明治7(1874)年には東京医学校となった。

　そして，明治10(1877)年に，この東京医学校と東京開成学校を統合してできたのが東京大学である。

　当時の擬洋風木造建築の様相をよく伝える建物で，明治初期の学校建築のあり様をよく示す建物の一つである。

国指定重要文化財

| 旧東京医学校本館 | 東京都文京区白山3-7-1 |

東京大学最古の学校建築

　東京大学総合研究博物館小石川分館は，東京大学現存最古の学校建築

小石川植物園からみた外観

1階展示室内観　中央にオリジナルの柱。

「旧東京医学校本館」を，平成13(2001)年11月に総合研究博物館の分館として一般公開したものである。

旧東京医学校本館は，明治9(1876)年に東京大学の前身である東京医学校の中心建築として創建された。設計は東京医学校営繕係である。四面に時計を配した象徴的な塔屋，現状の倍近くの屋根・奥行を持つ擬洋風木造り2階建ての建築であった。学内外のランドマークとして親しまれ，教室・病室のほか，総長のオフィスとして使用されたこともある。

明治44(1911)年に前半部が赤門の脇へ移され，以後は史料編纂掛(史料編纂所の前身)の建物として利用された。この移築の際に，平面規模の縮小とともに，塔屋は通気口へ，窓枠は西欧の古典主義様式風へ，手摺は日本の擬宝珠高欄形式風へと改造され，ほぼ現在のような姿となった。赤色塗装は赤門や医学部煉瓦(れんが)造り校舎群との視覚的な連続性が意識されたことによると考えられる。耐火書庫として併設された煉瓦倉庫は現在も赤門脇に残っている。

昭和3(1928)年以降は，現在の総合図書館棟へ史料編纂掛が転出したことにともない，営繕課(施設部)の建物として使われた。昭和40(1965)年に本郷で解体，69年に小石川植物園内の現在地に移築・再建され，翌70年には国の重要文化財に指定された。以後，南側に広大な緑地を臨む都内有数の恵まれた立地を享受しつつ現在に至る。

ミュージアムとしての利活用

　この建物は明治初期の木造擬洋風建築特有の様相を残すとともに、東京大学創立以前からの長い歩みを見守ってきた。この点、初等中等教育を含む明治期以来の各種の学校建築や学内各分野の標本・器材を展示する場所として歴史的由緒にも恵まれており、大学博物館の分館として活用するにふさわしい。

　小石川分館常設展示『驚異の部屋──The Chambers of Curiosities』は、新旧の木造骨組みが混交する学校建築のなかに、東京大学草創期以来の各分野の先端的な知を支えてきた由緒ある学術標本と学術研究の傍らにあった古い什器を用いて、ミュージアムの原点ともいうべき「驚異の部屋」の世界観を現代に構築してみせたものである。

　「驚異の部屋」とは、大航海時代の西欧諸国で王侯貴族や学者たちによって競ってつくられた珍品陳列室のことをいう。このような「もの」

2階展示室内観　天井にオリジナルの梁。

2階バルコニーからの眺望

門扉側からの外観

をめぐる原初的な「驚異」の感覚を伝え，大学の過去・現在・未来へ通底する学際的かつ歴史的な原点とは何なのかを問いかける。そのために，この歴史的建築物はミュージアムとして，今日的に重要な役割を担っている。

Information

問い合わせ先

東京大学総合研究博物館
　　TEL：03-5777-8600
　　　　（ハローダイヤル）
http://www.um.u-tokyo.ac.jp/index.html

【東京大学総合研究博物館小石川分館 基本情報】

- **所在地** 〒112-0001　東京都文京区白山3-7-1
- **交　通** 地下鉄丸の内線「茗荷谷」駅より徒歩8分
- **休館日** 月曜日・火曜日・水曜日（いずれも祝日の場合は開館）
- **開館時間** 10：00～16：30（入館は16：00まで）
- **入　場** 無料
- **注意事項** 詳しいことはお問い合わせください。

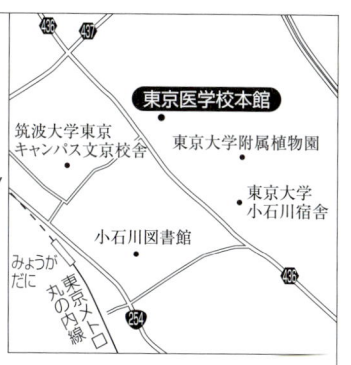

東京都千代田区

旧文部省庁舎

　日本の近代建築についてみると，その芽は幕末にあるが，現存する多くのものは明治期以降のもので，なかでもジョサイア=コンドルの残した足跡は大きいといわれる。

　彼の設計になる官庁や商館や邸宅などが現存するが，なかでもニコライ堂・旧岩崎家住宅や三井倶楽部などが知られる。

　近代建築のなかでも一時代を画するのは，関東大震災により東京が壊滅的な被害を被ったが，その復興にあたり，多くの近代建築が建てられたことである。

　その一つに官公庁の震災復興庁舎建築があり，現在に残るものが旧文部省庁舎である。

　平成16(2004)年からの文部科学省の新庁舎建設に際し，旧庁舎の約半分が保存され，国登録有形文化財となった。

　また，旧大臣室が創建当時の姿に復元され，往時の雰囲気が体験できるのも特色である。

国登録有形文化財

旧文部省庁舎	東京都千代田区霞が関3丁目2番2号

文部省庁舎の変遷

　霞が関官庁街の南端に位置する旧文部省庁舎の竣工は，昭和8(1933)年である。法務省の赤煉瓦庁舎についで古い中央官庁建築で，震災復興庁舎の好例とされる。

　文部省は，明治4(1871)年の設置時には湯島の昌平坂学問所跡に置かれた。その後，変遷を経て，この霞が関庁舎が使用開始されて以来，70年余りが経つ。戦前・戦中・戦後の各時期にわたり，文部行政の移り変わりを見守ってきた庁舎には，わが国の歴史が刻み込まれているといえよう。

　平成16(2004)年からの文部科学省(平成13年に科学技術庁と統合)の新庁舎建設に際して，旧庁舎は約半分が保存されることになり，現在でも

旧文部省庁舎外観

文化庁などの執務室として使用されている。なお，平成19(2007)年には登録有形文化財とされた。

保存と活用

旧文部省庁舎の保存と活用については，新しく文部科学省が位置する霞が関コモンゲートを含む街区全体の再開発計画のなかで検討が行なわれた。その結果，庁舎の外観（正面部分など）を保存し，内装の一部を創建当時の形に復元，また施策に関連する広報展示を行ない，一般公開す

旧大臣室

教育の展示室

スポーツ展示室

ることになった。

　このような決定の背景には、この街区が官民一体となって整備され、また国の行政が社会に開かれ、国民との一層の対話などが重要との認識があった。なお、街区内には江戸城外堀跡の石垣遺構（国指定史跡として諮問中）も解説を加えて展示され、歴史を偲ぶよすがとなっている。

情報ひろば

　旧庁舎内で平成20(2008)年3月から全面公開となった「文部科学省情報ひろば」は、旧大臣室（約130m²）、教育、科学技術・学術、スポーツ、文化に関する展示室（約870m²）、ラウンジ（約270m²）からなる。

　創建当時の姿に復元された旧大臣室では、実際に歴代大臣が使用した机など、初代文部大臣森有禮が職員の心得を示した「自警」により、往時の雰囲気が体験できる。隣接する旧秘書官室では、文部科学省の歩みを年表、公印や庁舎に関する逸話などとともに振り返ることができる。

　続く展示室は、教育、科学技術・学術、スポーツ、文化の4つに分か

科学技術・学術展示室　　　　　　　　　　文化展示室

れている。教育では，年表でわが国の教育史を通覧し，パネルによる個別施策の説明と明治期以来の教育の変遷などのビデオが楽しめる。科学技術・学術では，世相の変遷と科学技術の発展とのかかわりが実物と年表により示され，最先端の展示物も楽しめる。

　スポーツでは，近代のスポーツ・体育の年表やメダルなどが展示され，トップレベルの競技者の記録が体感できるように工夫されている。文化では，東大寺鐘楼の模型や銅鐸(どうたく)のレプリカ，人間国宝の手による工芸品，文化庁所蔵の美術品などが展示されている。

　このように「情報ひろば」は旧庁舎の保存・活用のあり方をよく具現しているものといえよう。

Information

問い合わせ先

文部科学省大臣官房総務課広報室

所在地　〒100-8959　東京都千代田区霞が関3-2-2

TEL:03-5253-4111（内線2170）

開館時間　10:00〜18:00（入館は17:30まで）

休館日　土・日・祝日

入館料　無料

文部科学省情報ひろば　http://www.mext.go.jp/joho-hiroba/index.htm

注意事項　詳しいことはお問い合わせください。

旧文部省庁舎

写真所蔵・提供一覧

表紙表　旧見付学校附磐田文庫…磐田市教育委員会
　裏　　史跡足利学校…史跡足利学校事務所

教育文化遺産
　　　　凸版印刷株式会社 印刷博物館　p.5
　　　　新宿区立新宿歴史博物館　p.6上
　　　　日本生命保険相互会社　p.6下
　　　　シーボルト記念館　p.7

本文　史跡足利学校事務所　p.10～13
　　　大阪大学適塾記念センター適塾記念会　p.14～17
　　　萩博物館　p.18～21
　　　咸宜園教育研究センター　p.22～25
　　　佐倉市教育委員会　p.26～29
　　　特別史跡閑谷学校顕彰保存会　p.30～33
　　　茨城県水戸土木事務所偕楽園公園課弘道館事務所　p.34～37
　　　大崎市教育委員会　p.38～41
　　　松代文化施設等管理事務所　p.42～45
　　　萩市観光課　p.46～49
　　　西予市宇和先哲記念館文化の里振興室　p.50～53
　　　松本市立博物館附属施設重要文化財旧開智学校管理事務所　p.54～57
　　　佐久市教育委員会　p.58～61
　　　登米市教育委員会　p.62～65
　　　甲府市教育委員会　p.66～69
　　　磐田市教育委員会　p.70～73
　　　財団法人安積歴史博物館　p.74～77
　　　学校法人遺愛学院中学・高等学校　p.78～81
　　　自由学園明日館　p.82～85
　　　岡山県教育委員会　p.86～89
　　　丸亀市教育委員会　p.90～93
　　　近江兄弟社学園ハイド記念館　p.94～97
　　　弘前市立観光館　p.98～101
　　　山形県立博物館教育資料館　p.102～105
　　　岩手大学農学部附属農業教育資料館　p.106～109
　　　山形大学工学部　p.110～113
　　　富山県立南砺福野高等学校　p.114～117
　　　三重県立松阪工業高等学校　p.118～121
　　　熊本大学五高記念館　p.122～125
　　　松本市旧制高等学校記念館　p.126～129
　　　石川四高記念文化交流館　p.130～133
　　　台東区立旧東京音楽学校奏楽堂　p.134～137
　　　北海道大学総合博物館　p.138～141
　　　奈良女子大学　p.142～145
　　　同志社大学　p.146～149
　　　龍谷大学　p.150～153
　　　学校法人明治学院　p.154～157
　　　学習院大学史料館　p.158～161
　　　東京大学総合研究博物館　p.162～165
　　　文部科学省大臣官房総務課広報室　p.166～169

きょういくぶんかいさん
教育文化遺産をたずねる

2012年8月20日　1版1刷印刷　　2012年8月25日　1版1刷発行

編者───財団法人　日本修学旅行協会
発行者──野澤伸平
発行所──株式会社　山川出版社
　　　　〒101-0047　東京都千代田区内神田1-13-13
　　　　電話　03(3293)8131(営業)　　03(3293)8135(編集)
　　　　http://www.yamakawa.co.jp/　　振替　00120-9-43993
印刷所──株式会社太平印刷社
製本所──株式会社手塚製本所
装幀───菊地信義

©2012　Printed in japan　　　　　　　　　　ISBN978-4-634-59076-2
・造本には十分注意しておりますが，万一，落丁・乱丁本などがございましたら，小社営業部宛にお送りください。送料小社負担にてお取り替えいたします。
・定価は表紙に表示してあります。

全国のおもな教育文化遺産 ●西日本●

- 津山中学校
- 松下村塾・旧明倫館
- 閑谷学校
- 咸宜園
- 熊本大学五高記念館
- 開明学校
- 丸亀中学校

E130°

島根
広島
岡
山口
長崎
佐賀
福岡
香
大分
愛媛
徳
熊本
高知
宮崎
鹿児島

1:5,400,000
0　50　100Km